高校生のための「探究学習」ワーク

廣瀬志保 監修

学事出版

はじめに

　皆さんがワクワクするのはどんなときでしょうか。何か新しいことができるようになったとき？　新たな事実がわかったとき？　それとも、好きなことや興味があることを追求しているときでしょうか。

　私は、高校の現場で、探究している生徒が「ワクワクが止まらない」と目を輝かせて語る姿を何度もみてきました。そのたびに、何がそんなに高校生の気持ちを高め、やる気を継続させているのだろうと不思議に思い、ワクワクしている本人に「何がやる気スイッチになったの？」とか「モチベーションが維持できるのはどうしてだと思う？」と尋ねてみることにしています。

　「誰かの役に立ったから」「自分の興味をもてることがみつかって、将来その方面に進みたいから」「今までは人と話すのが苦手だったけれど、大人の人ときちんとした対話ができるようになったから」「実行力や挑戦する力がついたから」……返ってくる答えはさまざまですが、実はここには共通点があります。それは、彼らのワクワクの源泉には、①スキル、②コンピテンシー、③マインドの成長があるということです。

　①スキルとは探究スキルのことです。自分で探究を進めることができるようになると、それをほかのさまざまな場面で応用することができます。②コンピテンシーとにスキルを発揮する能力のことで、コミュニケーション力や創造力のように「○○力」とも呼ばれます。そして、③マインドとは自分の志や使命感のこと。自己の在り方・生き方に深く関わっています。私は、高校生が探究を通じて、これらの相乗的な高まりを自分自身で実感することができたときに、ワクワクが止まらなくなるのだと気づかされました。

　この『探究学習ワーク』は、そんなワクワクを見つける、ワクワクをより大きくするヒントで溢れています。特に私が高校生に伴走するようにして一緒に探究してきたなかで、彼らがつまずいたり、次に何をしたらいいかわからなくなったりしたときに話したことをぎゅっと詰め込みました。「なぜ」「どうして」からスタートして、興味関心の幅を広げたり、深めたりしながら、誰でもワクワクしながら探究が進められるよう工夫してあります。

　VUCAの時代（将来を予測することが難しい時代）と呼ばれる現代では、さまざまな人と協働して主体的な姿勢で学び続け、変化に対応する力が求められています。10代の皆さんが、社会や実生活の課題を発見し、「自分ごと」にして解決策を追求するなかで、そんな力を高めてほしいと思います。もちろん、課題のゴールまでたどり着くのが理想ですが、そこまで行けなくても、探究のプロセスの中で多くのことを学ぶこと自体に大きな意義があります。

　皆さんが地域や学校の問題、グローバルな課題に果敢に挑戦し、楽しみながら探究することでご自身のウェルビーイングを高めること、さらに、それが皆さんの身近な人や学校、地域のウェルビーイングにもつながることを、心より願っています。

監修者　廣瀬志保

目次

はじめに 2
この本の使い方 4
教材ワークシートについて 5
探究を始める前に 6

第1章 課題の設定

1 探究の進め方 8
2 課題をみつける 12
3 さまざまなツールの使い方 16
4 課題を具体化し、仮説を立てる 20
5 課題を再考する 24
コラム① 探究は「行ったり来たり」を繰り返す 28

第2章 情報の収集

1 情報収集の方法 30
2 ノートにまとめる 34
3 図書館を利用する 38
4 インターネットで調べる 42
5 体験活動を行う 46
6 インタビューを行う 50
7 アンケートを行う 54
コラム② 学校行事を探究に生かしてみよう 58

第3章 整理・分析

1 集めた情報を整理する 60
2 統計データをつくろう 64
3 調べた情報を分析する 68
4 グループディスカッションを行う 72
コラム③ 探究で生成AIを活用するには 76

第4章 まとめ・表現

1 課題解決策を実践する 78
2 レポートを書く 82
3 論文を書く 86
4 発表資料を作成する 90
5 発表を行う 94
6 取り組みを振り返る 98
7 次の課題を設定する 102
コラム④ 探究と進路 106

こんなことで困ったら　Q&A 107

この本の使い方

本ワークは『高校生のための「探究」学習図鑑』（文中では「図鑑」と記されています）を参照しながら使うことをおすすめします。

『高校生のための「探究」学習図鑑』
（学事出版刊）
ISBN978-4-7619-2832-2
https://www.gakuji.co.jp/book/b10034025.html

①探究のプロセスについて学ぶ

まずは説明を読み、探究のプロセスや方法、考え方について学びましょう。

タイトルの前についている番号は、その章の通し番号です。説明のなかで、関連する内容を他のページに詳しく解説している場合は「第1章⑤」のように示しています。

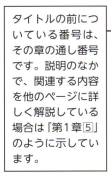

探究の進め方をステップに分けて説明しています。

進めるときのコツや、注意すべき点を示しています。

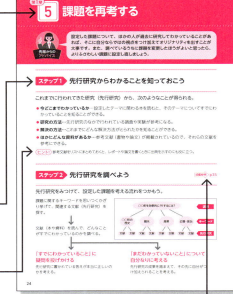

姉妹書『高校生のための「探究」学習図鑑』により詳しい説明が載っている内容は、『図鑑』の該当ページ数を示しています。

探究のプロセスや方法を、図解や写真、イラストを用いて説明しています。

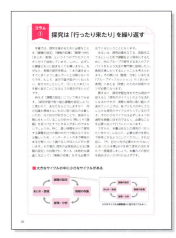

コラム

探究への取り組み方についてより深く学べるような内容を紹介しています。

困ったときのQ&A

悩んだり行き詰まったりしやすいことを解決するためのヒントを紹介しています。

②学んだことを
　ワーク形式で実践する
次に、ワークに取り組んで学んだことを実践し、自分の探究を進めましょう。

③発展的な課題で
　さらに探究を深める
自分の探究をさらに深めたいときは、発展的な課題にも取り組んでみましょう。

ワークは、空欄のなかに自分の考えを書き込んだり、実践したりする形で進めていきます。

教材ワークシートについて

各プロセスのまとめや思考ツールの実践に使える教材ワークシートをダウンロードしてお使いいただけます。コードを読み取るか、URLを入力してダウンロードしてください。

https://www.gakuji.co.jp/news/n105909.html

※Adobe Acrobat Reader（無償）を、Wordファイルの利用にはMicrosoft Word（有償）をお使いのパソコンなどにそれぞれインストールする必要があります。
※データの著作権は、著作者および学事出版に帰属します。利用は私的な目的のみに限り、転載および第三者への配布、販売はこれを禁じます。

※本書をコピーして使用することは原則としてお断りしております。

5

探究を始める前に〜今の気持ちを書きとめておこう〜

　この『探究学習ワーク』を手に取る人のなかには、初めて探究に取り組む人も多いと思います。探究を始める前の今だからこそ、自分の今の気持ちや考えをこのページに書きとめて、あとで振り返れるようにしておきましょう。

　あなたにとって「探究」って、どんなイメージですか。探究してみたいことはありますか。そして、探究のなかでどのような力を高めたいと思いますか。まだ「わからない」という人がほとんどかもしれません。その場合も空白にするのではなく、どのようにわからないのかを記してください。

探究に対する今のイメージを記してみよう。

探究したいと思っている事柄や分野など箇条書きでいくつか書いてみよう。

探究をしてどのような力をつけたいか、自分の高めたい力を書いてみよう。

他にはないアイデアを思いついて、商品開発をしてみたい！

私はコミュ力を高めたい！

第1章

課題の設定

1. 探究の進め方 …………………………………… 8
2. 課題をみつける ………………………………… 12
3. さまざまなツールの使い方 …………………… 16
4. 課題を具体化し、仮説を立てる ……………… 20
5. 課題を再考する ………………………………… 24

コラム① 探究は「行ったり来たり」を繰り返す ………… 28

第1章 1 探究の進め方

先輩からのアドバイス

「探究」という言葉から難しいイメージを抱くかもしれません。でも、学んだことや調べたことを生かして問題を解決するという学習は、小学校や中学校の授業でも取り組んできたことです。「総合的な探究の時間」で、その経験を繰り返して、もっと深めていきましょう。

ステップ1　探究とは何かを知ろう

図鑑参照 p3-11

探究とは…習得した知識や技能を活用し、問題解決的な学習を繰り返しながら物事の本質を見極めようとする行為。

昔の学び
知識の量と問題の意図を汲み取り、より早く解答を導き出す
（暗記・再生型の学び）

→

今の学び
取得した知識を「活用」し、「探究」する

中学校までと違って、日ごろから問題意識をもち、自分で課題を発見することが重要になってくるよ。

ステップ2　探究の流れをつかもう

図鑑参照 p18

探究のプロセスは、大きく4つに分けられる。基本として①〜④の順に進めていく。

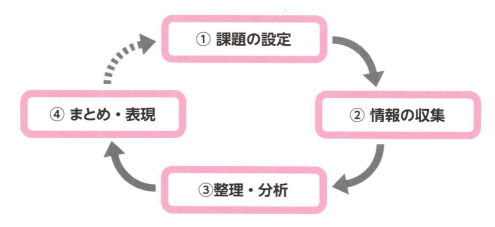

① 課題の設定
② 情報の収集
③ 整理・分析
④ まとめ・表現

「①課題の設定」の途中で「②情報の収集」が必要になることもあるし、進めていくなかで課題の変更が必要になる場合もあるから、順番は柔軟に考えよう。
①〜④のプロセスを、より具体的に見ていこう。

① 課題の設定

- 自分のなかにある「問い」を挙げる。
- 「問い」を組み合わせたり、具体化したりする。

➡第1章（『図鑑』p17-38）

② 情報の収集

- 課題解決に必要な情報を集める。
- 本やインターネットで調べる。
- インタビューや実験などの方法で調べる。

➡第2章（『図鑑』p39-74）

③ 整理・分析

- 集めた情報をいくつかのグループに分ける。
- グラフなど別の形にまとめ直して整理する。
- 課題解決の方法を分析する。

ヒント! 同じような課題に取り組んでいる人と議論することで、課題解決の方法が見つかりやすくなる。

➡第3章（『図鑑』p75-92）

④ まとめ・表現

- 課題解決のための取り組みをまとめ、ほかの人に伝わるように表現する。
- 論文にまとめる。
- プレゼンテーションをする。
- 自分で考えた解決策を実践する。

➡第4章（『図鑑』p93-120）

取り組みを振り返ることで、新たな課題をみつけて、次の探究につなげることができるね。

第1章　1 探究の進め方

実際に取り組んでみよう

ワーク 流れを知るために「ミニ探究」をしてみよう

例

①**課題の設定**…バスケットボールでシュート率を上げるには?

ヒント! ほかにも「SNSの使用時間を減らすには?」「新入生の歓迎会を思い出の残るものにするには?」など、身近な学校内のことで課題を設定しておくと短期間でも調べられる。

②**情報の収集**…同じクラスにいるバスケットボール部の部員に話を聞くなどの方法がある。

③**整理・分析**…シュートをする際のフォームを図で整理したり、正しいフォームと誤ったフォームでのシュート率をグラフにまとめて比較したりするなどの方法がある。

④**まとめ・表現**…正しいフォームをほかの人にも理解してもらいやすいように、「③整理・分析」の際に整理した図を示す方法などが考えられる。

①課題の設定

②情報の収集

③整理・分析

④まとめ・表現

さらに探究を深めよう

発展 個人かグループか、
それぞれの取り組み方の違いを知ろう

　個人で取り組むかグループで取り組むかは、学校により異なります。また、課題の分野が決まっている場合もあります。それぞれのよい点や気をつけるべき点を見てみましょう。

個人

よい点
- 自分の興味関心に合わせて課題を設定しやすい。
- 探究のプロセスをすべて経験できる。

気をつけるべき点
- 一人なので、できる範囲が限られる。
- 考えがまとまらずに行き詰まる場合がある。

ヒント！
先生に相談したり、同じような課題に取り組む友だちと情報を交換したりするとよい。

グループ

よい点
- 広い範囲で情報収集ができる。
- それぞれの得意分野を生かせる。
- オンラインツールなどを使って一斉に編集できる。

気をつけるべき点
- 役割分担を明確にしておく必要がある。
- 課題設定では、全員が意見をいえるように司会者を立てる。

ヒント！
定期的に情報共有や意見交換をするとよい。

自由に課題を設定できる場合

よい点
- 好きなことが探究できる。

ヒント！
まずは興味のあることや疑問に思ったことなどをノートなどにどんどん書き出していくとよい。

気をつけるべき点
- グループのなかで、まったく興味がないという人がいないようにする。

課題設定に指定（分野）がある場合

よい点
- 迷いが少ない。

ヒント！
指定されたテーマや分野を調べてみて、面白いと感じた部分に付せんなどで印をつけておくとよい。

気をつけるべき点
- 課題の範囲が決まっていても、自分自身との関わりを考えて課題を設定する。

課題設定の際の発想を助ける方法については、『図鑑』p24〜25を参考にしよう。

第1章 ① 探究の進め方

11

第1章 2 課題をみつける

先輩からのアドバイス
「総合的な探究の時間」においては、まず自分自身で課題を設定します。「課題」と突然いわれてもパッと思い浮かばないかもしれません。そんなときは、あらかじめ範囲を絞り込んで検討するとよいですよ。では、どんな範囲が考えられるのでしょうか?

ステップ1 自分が課題を設定しやすそうな範囲を決めよう

「どうして」「なぜだろう」などと疑問に思うことがあるかな? ①から④のなかから選んでみよう。

①	②	③	④
学校の課題	地域の課題	日本の課題	世界の課題

ヒント! 学校や地域は、高校生にとって身近なため、課題を設定しやすい。

ステップ2 決めた範囲のなかから思いつくままイメージを挙げてみよう

たとえば、①の「学校の課題」を選んだら……?

- 部活動
- 広報の方法
- 学校の伝統行事
- 学校の社会活動
- 地域での学校のイメージ
- 校内の衛生対策
- 防災
- 校内設備

ここでは、自由に発想してアイデアを出すのが大事!「探究の課題にしやすいか、しづらいか」などは気にせずどんどん出していこう。

上で挙げられているもの以外では、「校則」も学校に関連する課題だね。

ステップ3 探究の課題として絞り込もう

 図鑑参照 p21

思いつくままに挙げたイメージのなかから、探究の課題を絞り込んでみよう。

絞り込むときのチェックリスト

- ☑ 自分が（自分たちが）疑問に思っていることか？
- ☑ 自分が（自分たちが）調べたいと思うことか？
- ☑ 自分が（自分たちが）関心があることか？
- ☑ まわりの人たちから意見が多くもらえそうなことか？
- ☑ 自分にとって（自分たちにとって）身近な問題か？
- ☑ その課題の解決策がみつけられそうなことか？
- ☑ 自分の（自分たちの）将来に関わりそうなことか？
- ☑ 誰かにとって切実な問題か？

全部は当てはまらなくてもいいけど、チェックが多ければ多いほど、探究の課題に向いているかも。

第1章 ② 課題をみつける

たとえば…… **学校生活について**

部活動
・部員を増やすには？
・部を新しくつくりたい

授業
・理想の時間割は？
・苦手な科目の授業に集中できない

生活習慣
・高校生の就寝時間は？
・学食のメニューについて

行事
・文化祭への来場者を増やすには？
・合唱コンクールで声の小さい人でもお腹から声を出すには？

学校生活に関するさまざまなものを挙げる。そのなかから自分が疑問に思っていること、調べてみたいこと、周りの生徒たちから意見が多くあることを考え、課題を絞り込む。

設定課題
吹奏楽部に多くの男子生徒を入部させるにはどうしたらよいか？

この場合は、「学校生活の課題」→「部活動」→「部員を増やすには？」→「吹奏楽部に多くの男子生徒を入部させるにはどうしたらよいか？」と絞り込んでいったんだ。

日本や世界の課題だと、範囲が広いため、絞り込むのが難しいときがある。そんなときには、「自分たちの住む地域では？」と落とし込むことで、具体的な課題になるよ。

例「生物多様性を守るには？」（範囲が広すぎて、解決が難しい）
　→自分たちの地域では？→「関東の固有種、ミヤコタナゴを守るには？」

実際に取り組んでみよう

ワーク1　課題の範囲を決めよう

①学校の課題　　③日本の課題
②地域の課題　　④世界の課題
⑤その他（　　　　　）の課題）

ワーク2　決めた範囲のなかで思いつく言葉を書き出そう

　　　　　　の課題

ワーク3　探究の課題を設定し、
　　　　　課題設定した理由をまとめてみよう

課題：

理由：

さらに探究を深めよう

発展 その課題が、
自分と関わりがある課題かどうかを検証しよう

図鑑参照 p28-29

　選んだ課題が、自分の将来に関わることや、学びたいこととつながっている場合、より探究の内容を深めることができます。自分の選んだ課題はどうか、検証してみましょう。

自分と関わりがある課題かどうか？

- 自分の趣味に関すること（好きな音楽、スポーツ、漫画など）
- 自分の家族やまわりの誰かに関すること（家族の職業、家族が今抱えている課題など）
- 自分が今関心があること（自分の住む地域で問題になっていることなど）

自分の将来と関係があるかどうか？

- 自分の将来なりたい職業に関すること
- 進学してから学びたい学問に関すること
- 自分が得意な教科に関すること

 趣味に関することだったら楽しく探究できそう！

 探究と教科の関係についても考えてみよう。

☆ワーク1〜3で設定した課題と、自分との関わりを考えてみよう。

第1章 ② 課題をみつける

第1章 3 さまざまなツールの使い方

先輩からのアドバイス

慣れないうちは、課題を設定するためのアイデアが出なかったり、考えがまとまらなかったりすることもあります。そんなときのために、たくさんのアイデアが出せるようになったり、発想を助けてくれたりする方法があります。まずは代表的なものを紹介します。

ステップ1 さまざまな発想法（アイデアの出し方）を知ろう

課題のキーワードがある程度かたまっている場合は「ウェビング」、とにかくアイデアをたくさん出したいときには「ブレインストーミング」で挙げて「KJ法」で整理してみよう。

■ウェビング

- キーワードになる言葉（右の図では「日本の食」）からイメージできる言葉をつなげていく。
- ホワイトボードや黒板、紙などを使って書いていく。
- 関連する項目をつなげ、分類して、系統立てて考えることができる。

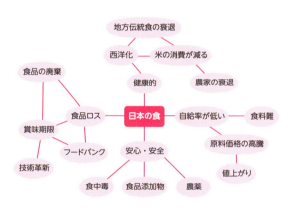

『図鑑』p24に、もっと言葉がつながった図が入っているので参考にしよう。

■ブレインストーミング（ブレスト）

- 思いついたアイデアを挙げていく。（上の図は「自分たちの住む街の問題点」で思いついたこと）
- 付せんを使ったり、タブレットのソフトを使ったりして、アイデアを書く。

■KJ法

- 出てきたアイデアを分類してまとめたり、系統ごとに整理したりする。
- ブレインストーミングで出たアイデアを整理するときによく使われる。

ブレインストーミング中には結論を出さず、どんどん自由にたくさんのアイデアを出していこう。ほかの人のアイデアを否定しないこともルールの一つだよ。

「KJ法」は、一人でアイデアを整理するときにも使えるね。

ステップ2　思考ツールを活用しよう

アイデアを思いつくだけ出したら、それらを整理して、図にまとめていこう。

■矢印
個々の情報を順番に並べ替えるときや、原因と結果（要因・因果）などの関係を表したりするときに使う。

手順や展開を表すときにも使える。

普段目にする矢印を参考にして、同じように使ってみよう。

■囲み
同じ意味・種類をまとめるときに使う。

｜草津
　那須
　伊香保
　別府｜　　温泉
　　　　　世界自然遺産
　　　　　テーマパーク

ヒント！
四角や丸など、囲みの形を変えれば、まとまりの違いを表すこともできる。

■ステップチャート（囲み＋矢印）
順序や手順を表すときに使う。

温暖化を防止するために必要な方法を考えたい
↓
CO_2排出を減らすには自動車の使い方を変えていくことが必要
↓　　　　　　　　　　↓
自動車に代わる　　　　CO_2の排出が少ない自動車を
新しい交通のあり方を考える　　増やす方法を考える
↓
燃料電池自動車と公共交通を組み合わせる方法を考える

ほかにも「くま手チャート」や「ベン図」という思考ツールがあるよ（本ワークp19参照）。思考ツールは、ほかの人に情報を伝えるときにも活用できるので覚えておこう。

実際に取り組んでみよう

ワーク1 「ウェビング」を使って、
アイデアを出してみよう（つなげる線も書こう）

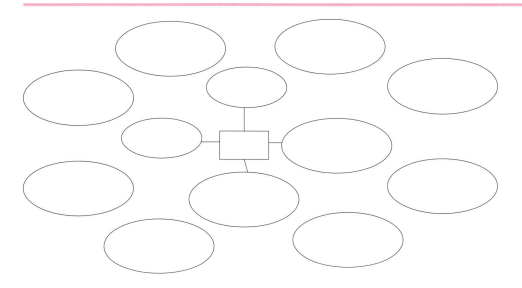

ワーク2 ワーク1で出したアイデアを、
思考ツールを使って整理しよう

①順番（時間の順序や手順など）に並べ替える

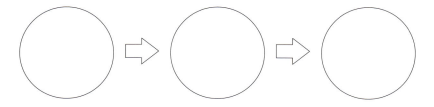

②因果（原因と結果）関係を整理する

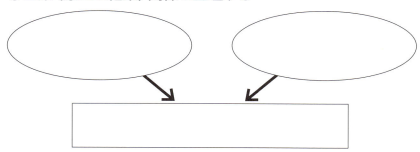

さらに探究を深めよう

発展 どの思考ツールを使うとうまく整理できるか、それぞれの特徴をつかもう

p17で学んだ「矢印」や「囲み」といった思考ツールのほかに、「くま手チャート」や「ベン図」という思考ツールもあります。情報をうまく整理して、思考を深めていきましょう。

思考ツール	特徴
矢印	アイデアや意見を整理する
囲み	アイデアや意見を分類して把握する
ステップチャート	課題を設定したり、計画を立てたりする
くま手チャート	アイデアを出したり、問題を広げたり、いろいろな面から考えたりする
ベン図	2つのものの相違点と共通点がわかりやすい。比較や分類をする。

日常生活でもこれらの思考ツールを活用できるように、しっかり身につけよう。

第1章 ③ さまざまなツールの使い方

第1章 4 課題を具体化し、仮説を立てる

先輩からのアドバイス
どんなことを探究したいか大まかに決まったら、深く掘り下げて考えていけるように、課題を具体的なものにしていきましょう。そうすると、課題の解決に向けて「仮説」を立てやすくなり、その分析・検証を繰り返すことで、探究の内容がどんどん深まっていきます。

ステップ1　課題を具体化していこう

具体化していくには、次のような方法がある。どれが自分に合っているかな?

■ 自分なりの視点やものの見方を通してアプローチする
（例）「国政選挙」というテーマに対し、「10代ならではの見方」を通してアプローチすることで、「選挙へ行くことを促す若者向けのポスターをつくる」という具体的な課題を設定する。

■ 課題のスケール（規模）を大きな物事から小さな物事へ（スケールダウン）、あるいは小さな物事から大きな物事へ（スケールアップ）移し替えて考える
（例）「日本の食」というテーマをスケールダウンさせて「高校生の朝食」として考えることで、「高校生に朝食をとるよう呼びかけるための有効な方法」という具体的な課題を設定する。

■ テーマに関連する分野の情報を集め、つなげて考える
（例）「街の活性化」というテーマに関連する分野として「経済」「行政」「IT」「福祉」「歴史」「気候」を挙げ、「IT」と「福祉」の情報を組み合わせることで「福祉コミュニティバスの運行ルートをAIを利用して作成するには?」という具体的な課題を設定する。

（ヒント!）関心を深められそうな分野の情報から集めていくとよい。

■ 5W1H（When [いつ] /Where [どこで] /Who [誰が] /What [何] /Why [なぜ] /How [どのように]）で考える
（例）「高校のある町を活性化する」というテーマを5W1Hで考え、例えば「When」なら「いつから活気がなくなったのか?」「いつまでに活性化するのか?」のように疑問や考えを挙げていく（『図鑑』p31参照）。「Where」から「How」まで同じように考えることで、「老舗の多い商店街を、高校生とコラボすることで活性化させる方法」という具体的な課題を設定する。

| ステップ2 | **仮説検証の流れを知ろう** |

課題を解決するために「仮説」を立てて、その「検証」を繰り返していくことで、探究の内容をどんどん深めていこう。

情報収集・分析
本やインターネット、インタビューなどで情報を集め、それをもとに仮説を立てる。

⬇

仮説の設定
「○○の原因は××」「○○すれば××を解決できる」など答え合わせができる形にする。

「若者の来街者数が増えれば地域の商店街が活性化する」

⬇

さらなる情報収集と分析
立てた仮説が合っているかを確かめるために、対象や範囲を絞って調査・情報収集をする。

「商店街を利用する人の年代や性別を調べる」

⬇

仮説の検証
集めた情報や考察をもとに、立てた仮説が正しいか間違っているかを判定する。

「若者をターゲットに商店街のパンフレットを作成、配布し、その後の若者の来街者数を再調査する」

⬇

疑問点の発見・考察
仮説が誤っていた場合、なぜ間違っていたのかを考察、正しかったらその視点でさらに深めていく。

「飲食店の売上げは増えたが洋服店や雑貨店ではあまり効果がなかった」→「商品や内装を見直すべきではないか?」

繰り返す

仮説を立てるときは、はじめから正しい説を立てる必要はないよ。自分やグループの視点を大切にして、検証しやすい具体的な仮説を立てよう。

仮説を裏づける客観的な根拠があるか、仮説を否定する根拠(反証)があるかを考えることが重要。もし仮説が間違っていたら、修正したり、再設定したりすればいいよ。

実際に取り組んでみよう

ワーク1　5W1Hで課題を具体化してみよう

探究テーマ　[　　　　　　　　　　　　　　　　　　　　]　**例** SNSの利用時間

① When（その問題がいつから起こっているのか／いつまでに解決する必要があるのか）

② Where（どこで問題が起きているのか／解決策をどこで実行するのか）

③ Who（誰が困っているのか／誰が動けば解決するのか）

④ What（何が問題なのか／何をして解決するのか）

⑤ Why（なぜ問題が発生したと考えられるか／なぜ解決しなければならないのか）

⑥ How（これまでその課題に対してどのように取り組まれてきたのか／どのようにして解決するか）

具体化した課題　[　　　　　　　　　　　　　　　　　　　　]

ワーク2　仮説を立ててみよう

[　　　　　　　]（の）原因は[　　　　　　　]だろう。

例 商店街が過疎化する原因は大型店との競合だろう。

[　　　　　　　]すれば[　　　　　　　]を解決できるだろう。

例 話題性のある店舗を増やせば商店街の過疎化を解決できるだろう。

さらに探究を深めよう

発展 自分の立てた仮説に対する反証をみつけよう

図鑑参照
p32-33

立てた仮説を検証するには、その仮説を裏づける根拠があるかどうかを調べるとともに、仮説を否定する根拠（反証）があるかどうかをみつけることも大切です。

仮説を否定する根拠（反証）をみつけるポイント

- 自分の仮説とは異なる意見を述べている本などを参考にする
- 仮説の前提となる条件を疑う
- 自分が見落としているデータや論点がないか考える

例
- 自分が「消費税増税反対」の立場で仮説を立てる場合、増税賛成の立場の著者の本を読む
- 「若者はハンバーガーショップを好むため、ハンバーガーショップを増やせば街が活性化する」という仮説に対し、「本当に『若者はハンバーガーショップを好む』といえるのか」と考えてみる
- 仮説と直接は関係なさそうな根拠だとしても記録しておき、小さな根拠も見逃さないようにする

仮説が間違っていることがわかれば、より的を絞った仮説が立てられるので、間違いも探究を深めるチャンスだと考えて、諦めずに繰り返し仮説を立てて検証しよう。

☆ワーク2で立てた仮説に対する反証として、どのようなものが考えられるか挙げてみよう。

第1章 5 課題を再考する

先輩からのアドバイス
設定した課題について、ほかの人が過去に研究してわかっていることがあれば、そこに自分ならではの視点をつけ加えてオリジナリティを出すことが大事です。また、調べているうちに課題を変更したほうがよいと思ったら、よりふさわしい課題に設定し直しましょう。

ステップ1 先行研究からわかることを知っておこう

これまでに行われてきた研究（先行研究）から、次のようなことが得られる。

- **今どこまでわかっているか**…設定したテーマに関わる本を読むと、そのテーマについてすでにわかっていることを知ることができる。
- **研究の方法**…先行研究のなかで行われている調査や実験が参考になる。
- **解決の方法**…これまでにどんな解決方法がとられたかを知ることができる。
- **ほかにどんな資料があるか**…参考文献（書物や論文）が掲載されているので、それらの文献を参考にできる。

（ヒント!）参考文献をリストにまとめておくと、レポートや論文を書くときに出典を示すのにも役に立つ。

ステップ2 先行研究を調べよう

 図鑑参照 p35

先行研究をみつけて、設定した課題を考える流れをつかもう。

課題に関するキーワードを思いつくかぎり挙げて、関連する文献（先行研究）を探す。

文献（本や資料）を読んで、どんなことがすでにわかっているのかを調べる。

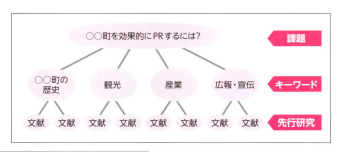

「すでにわかっていること」に疑問を投げかける
先行研究に書かれている答えが本当に正しいのかを考える。

「まだわかっていないこと」について自分なりに考える
先行研究の成果を踏まえて、その先に自分がつけ加えられることを考える。

研究はどんどん進歩しているから、データベースなども活用して、できるだけ新しい資料をみつけるようにしよう（⇒本ワーク第2章 4）。

地域や学校など身近なことについて、図書館で先行研究をみつけられなければ、先生や地域の公共施設で話を聞いてみるといいよ。

ステップ3　課題を変更・修正しよう

よりよい課題にするために、変更や修正をしていこう。どんなときに課題を変更・修正したほうがいいのか、次のなかから当てはまるものがあるかどうか確認してみよう。

■ **課題を変更するとよい場合**
- より具体的な課題がみえてきたとき
- 自分（自分たち）にとって、より興味深いことがみつかったとき
- 扱う内容が広すぎて、適切な範囲に絞り込んだほうがいいとき
- 先行研究ですでに解決方法が明らかになっているとき

もとの課題
「高校生のSNSの利用状況とコミュニケーションの変化について」

情報収集：先行研究に、さらに詳しく調べたいことはないか、自分なりの視点で深められることはないか考えた。

新たな論点を追加した課題
「高校生がSNSで使う絵文字とそのコミュニケーションの効果」

先行研究で解決方法が明らかになっていても、新たな論点として「絵文字」を追加したり、「SNS」から「情報リテラシー」へと、より広い範囲で考え直したりするとよい。

情報収集：SNSに関連する情報をより広い範囲で収集して、若者と情報リテラシーの関係に興味をもった。

同じ分野のなかでテーマを変更した課題
「高校生の情報リテラシーを高める方法について」

情報収集して調べているうちに、課題が難しすぎたことに気づくこともあるよ。グループで取り組んでいる場合は、しっかり話し合って、よりよい課題に設定し直そう。

実際に取り組んでみよう

ワーク1　課題に関連する本（新書＊）を探そう

①図書館で借りる

②書店（ウェブサイトも含む）で買う

③家族や友人に借りる

選んだ方法は　□

＊新書…縦17cm×横10cmほどの細長い本で、さまざまな分野の解説書や入門書が多い。

ワーク2　本を1冊読んでみよう

書名：

著者名：

出版社名：

発行年：

要点・まとめ：

ワーク3　読んだ本の参考文献の中から、次に読んでみたいと思った本を挙げよう

書名：

理由：

書名：

理由：

さらに探究を深めよう

発展 先行研究を踏まえて、まとめてみよう　　図鑑参照 p34-35,37

自分（自分たち）の探究をオリジナリティのあるものにするために、先行研究を調べて、「すでにわかっていること」と「まだわかっていないこと」を把握しましょう。

「すでにわかっていること」を調べるポイント
- 課題のなかで自分が何を知りたいかを整理する
- 本を読むだけでなく、インターネットを活用して新しい資料をみつける
- 複数の本や資料で同じことが書かれているか確かめる

「まだわかっていないこと」を考えるポイント
- さらに詳しく知りたいことはないか
- 本や資料で課題や問題点が挙げられていないか
- 書かれている内容に反論できるかどうか

情報収集をしながら、常に自分なりの考えをもてるようにしよう。

☆ワーク２で読んだ本の「すでにわかっていること」と「まだわかっていないこと」を書き出してみよう。

すでにわかっていること

まだわかっていないこと

コラム① 探究は「行ったり来たり」を繰り返す

　本書では、探究を進めるために必要なことを「課題の設定」「情報の収集」「整理・分析」「まとめ・表現」という4つのプロセスに大きく分けて説明しています。しかし、必ずしも順番通りに読まなくてもかまいません。なぜなら、実際の探究学習は、1本の道をまっすぐに歩くように進んでいくとは限らないからです。むしろ、途中で道が曲がりくねったり、枝分かれしたりして、「行ったり来たり」を繰り返すことになるような場合がほとんどです。

　たとえば「課題の設定」について考えてみます。「探究学習で取り組む課題を設定しよう」といわれて、あなたならどうしますか？何の知識も興味もないものに取り組むのは難しいため、元々自分が好きなことや、普段から関心をもっていることのなかから「問い」や「課題」をみつけ出そうとする人が多いのではないでしょうか。特に、長い時間をかけて探究する課題を自分の頭のなかだけで組み立てるのは難しいため、インターネットや本で興味のある分野について調べる人がほとんどだと思います。その場合、探究の出発地点となる「課題の設定」の段階でも、早くも（本格的な調査に先立って）「情報の収集」をする必要が出てくるということになります。

　あるいは、探究計画を立てる、仮説を立てるといった形で課題をより具体化するために、同じグループで探究する友人やアドバイスをもらう先生や専門家に説明したり、意見交換したりするということも考えられます。その際には「整理・分析」にあたる「グループディスカッション」や、「まとめ・表現」にあたる「発表」のための技術やコツが必要になります。

　要するに、探究学習全体を大きな視点でとらえると「探究のサイクル」のような流れになるのですが、実際に探究に取り組んで進めていくうえでは、各プロセスのなかにさらに小さな探究のサイクルが入っているのです。その小さなサイクルは必ずしも4つの過程を順番に回すのではなく、必要なことを必要に応じて行うことになります。

　ですから、本書はあなたの探究の「行ったり来たり」に応じて、必要な部分を読んで参考にするようにしてください。それ以前に、「今、自分に何が必要かわからない」と迷ったら本書p8-9を見て探究の流れをもう一度確認しましょう。本書のどの部分を読めばよいかがわかるはずです。

■ 大きなサイクルのなかに小さなサイクルがある

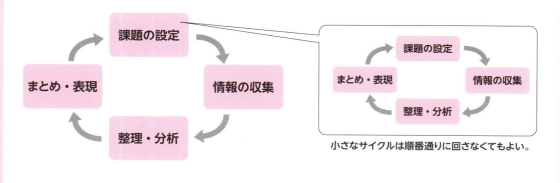

小さなサイクルは順番通りに回さなくてもよい。

第2章

情報の収集

1 情報収集の方法 ……………………………… 30

2 ノートにまとめる ……………………………… 34

3 図書館を利用する ……………………………… 38

4 インターネットで調べる ……………………… 42

5 体験活動を行う ………………………………… 46

6 インタビューを行う …………………………… 50

7 アンケートを行う ……………………………… 54

コラム② 学校行事を探究に生かしてみよう ……………… 58

第2章 1 情報収集の方法

課題についてどんなことを知りたいかによって、情報収集の方法を決めておくと効率的です。それぞれの方法の特徴を踏まえて、自分の課題にはどれが向いているかを考えるとよいでしょう。いろいろな方法を組み合わせれば、探究の成果もユニークなものになります。

ステップ1 情報収集の方法を知ろう

いろいろな情報収集の方法を、それぞれの特徴を比べながらみていこう。

情報収集の方法		特徴	図鑑参照
文献調査（本）	本やウェブサイトなどにまとめられた情報を読んで調べる	基本的な知識を身につけられる。詳しく調べるときにも役立つ。	p46-55
文献調査（ウェブサイト）		最新の情報が手に入るので、地域の課題、ニュースや時事問題と関連のある課題に適している。統計資料もみられる。	
実験・観察	仮説が正しいかを科学的に検証したり、調査対象を観察したりする	環境や健康、気象や防災、人間の心理や社会現象など、解決したり解明したりするのに科学的な検証が必要な課題で役立つ。	p60-63
体験活動	実際に自分自身で体験する	職業やボランティア活動、町づくりや地域の産業、文化、施設に関する課題などに適している。	p56-59
インタビュー	専門家や当事者に話を聞く	職業、町づくりや地域の産業、文化、イベント等に関する課題では、当事者に直接話を聞くことが役立つ。専門家へのインタビューは幅広い課題で役立つ。	p64-69
アンケート	調査票を使って、多くの人に同じ質問をする	多くの人の意見を聞く場合に適している。幅広い課題で、身のまわりの人の意見を知りたい場合に役立つ。	p70-73

一つの方法だけでなく、いくつかの方法で情報収集を行うことで、さまざまな側面から調査対象のことを知ることができるんだ。

ステップ2 課題に合った情報収集の方法を考えよう

図鑑参照 p42-43

課題を明らかにするために何を知る必要があるかを、疑問文の形にして挙げてみよう。

■ 疑問文の形にするときの具体例（テーマ：理想の朝食）

- 現在どんな朝食がとられているのか知りたい
  → 高校生の朝食の実態は？

- どうすれば栄養バランスがよくなるのか知りたい
  → 栄養素をとりやすい食材は？

- すぐに用意できる朝食を知りたい
  → 料理のメニューや作り方は？

課題 | 忙しい朝でもすぐに用意でき、栄養バランスにすぐれた「理想の朝食」とは？

Q 高校生の朝食の実態は？
→ アンケート
自分のクラスを対象に朝食べているものを質問する

→ 文献調査（ウェブサイト）
「国民健康・栄養調査」

Q 栄養素をとりやすい食材は？
→ 文献調査（ウェブサイト）
「日本食品標準成分表」
「日本人の食事摂取基準」

Q 料理のメニューや作り方は？
→ 文献調査（本）
朝食のレシピに関する本

→ インタビュー
学校の栄養士

この場合は、「高校生の朝食の実態は？」「栄養素をとりやすい食材は？」「料理のメニューや作り方は？」と3つの疑問を出して、それぞれに合った情報収集の方法を考えたよ。

ほかにも、「体験活動」という情報収集の方法で考えれば、食に関する講演会に行って、最新情報を得るといったこともできるね。

第2章　1 情報収集の方法

実際に取り組んでみよう

ワーク1　課題について知りたいことを疑問文の形にしよう

課題：

知りたいこと：
Q.
Q.

ワーク2　情報収集の方法を考えよう（2つ選ぼう）

①文献調査（本・ウェブサイト）　②実験・観察　③体験活動
④インタビュー　⑤アンケート

選んだのは…？

　　　と　　　

選んだ理由：

ワーク3　ワーク2で選んだ情報収集の方法を具体化しよう

例　⑤　自分のクラスを対象に朝食べているものについて質問する

番号：
具体的な方法：

番号：
具体的な方法：

さらに探究を深めよう

発展 教科で得た知識を生かして情報収集をしよう

探究を進めていくうえで、いろいろな教科で身につけた知識や技術を活用することができます。自分の選んだ課題がどんな教科と関連しているか考えてみましょう。

どんな教科と関連しているか？

例 防災に関する課題なら

理科
・自然災害の発生システムを分析する
・有効な避難方法を科学的に検証する

地理・歴史
・防災マップをつくる
・地域の地理的特徴と災害との関係
・過去に起こった災害の記録や伝承

公民
・防災に関する地域の施策
・他地域の施策

国語
・災害の体験文や小説を読む
・被害状況をほかの人に伝える文書の書式をつくる

家庭科
・家族の安否確認の方法
・備蓄品のリストをつくる
・ライフラインが止まった時の対応・避難所模擬体験

英語・外国語
・多言語の防災マニュアルをつくる

音楽
・避難所生活のストレスを解消したり、不安をやわらげたりするのに適した曲はあるか

数学
・災害が起こる確率や予想される被害の分析を行う
・津波の高さを計算する

保健体育
・災害後のストレスケアの方法
・救急救命技術の習得

美術
・防災ポスターのデザインを考える

文献調査をするときには国語や英語で身につけた読解力、統計資料を読んだりアンケートをまとめたりするときには、数学や情報の知識が活用できるね。

グループで情報収集をするときは、それぞれが得意な科目に関係する部分を担当すると、やる気も上がるよ！

第2章
2 ノートにまとめる

先輩からのアドバイス
情報収集をしていくなかで、わかったつもりになっても、時間が経つと忘れてしまうことがよくあります。探究の成果を発表するときには、参考にした本や資料を示すことも必要なので、調べたことやわかったことは、そのつど情報を整理して記録しておきましょう。

ステップ1　参考資料を記録しよう

ノートに手書きしたり、パソコン（Excelなど）で入力したりして、表に記録しよう。

No.	本のタイトル	著者名	出版社	出版年	読んだ日
本1	行き場を失った動物たち	今泉忠明	東京堂出版	2005	25/5/11
本2	生き物の死にざま	稲垣栄洋	草思社	2019	25/5/20
本3	ヒトの社会の起源は動物たちが知っている	エドワード・O・ウィルソン（著）小林由香利（訳）	NHK出版	2020	25/6/1

ヒント！
ノートに手書きの場合は、最初のページ（10～15ページ分）を参考資料一覧用にしておくとよい。

図書館の貸出レシートや本の奥付のコピーを貼りつけておくという方法もあるよ。

ステップ2　参考資料の内容をまとめよう

たとえば、ステップ1の「本3」の内容をまとめると…

- 参考にした本の要約や抜き書きをメモする。
- 参考資料一覧ページに書いたナンバーを書いて、ひもづけしておく。
- パソコンを使う場合はWordなどのソフトを使う。

ヒント！
どのページから抜き書きをしたかを記録しておくと、あとでレポートを書くときに便利（⇒『図鑑』p100-101）。

> **ステップ3** 収集したデータをまとめよう

文献調査、インタビューや体験活動、実験・観察などの方法で情報収集したものをまとめよう。

■ 統計資料

グラフや数字の入った表などを貼っておく。本からコピーしたものはページ数を、ウェブサイトからプリントアウトしたものはURLも書いておく。

ヒント！ 参考資料一覧のように、通し番号をつけておくと整理しやすい。

■ インタビューや体験のまとめ

インタビューや体験活動を行ったときのメモをみながら、図や写真なども入れて読みやすくまとめる。録音・写真データがあれば、ファイル名も記入する。

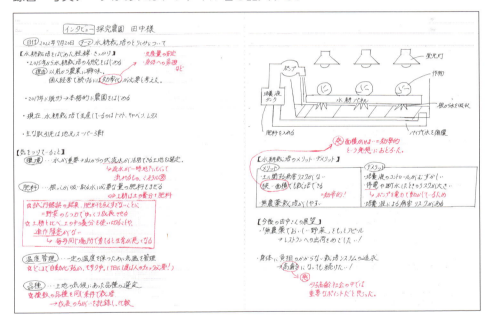

■ 実験・観察記録

記録することが多くなるので、実験観察専用のノートを別につくってもよい（⇒『図鑑』p62-63）。その場合は、実験観察ノートにページナンバーを入れて、メインのノートで必要なところに実験観察ノートのページナンバーを入れる。

ヒント！ 特に重要な点、注意すべき点、疑問や感想などを色分けしたり、記号をつけたりしてノートに記入しておくと、見返したときにわかりやすい。

調べたことの記録には、情報カードも活用できるよ。1枚に1テーマの情報をまとめることで、あとで情報を整理しやすくなるんだ（⇒『図鑑』p45）。

実際に取り組んでみよう

ワーク1　参考資料をまとめてみよう

No.	本のタイトル	著者名	出版社	出版年	読んだ日

ワーク2　自分で収集したデータをまとめてみよう

①統計資料

②インタビューや体験

③実験・観察記録

まとめるのは…

さらに探究を深めよう

発展 コーネル式ノートで情報を整理しよう

「ノートを見返しても書き留めた内容が頭に入ってこない」「もっとわかりやすくノートにまとめたい」と思っている人のために、コーネル式ノートという方法を紹介します。コーネル式ノートはアメリカのコーネル大学で開発されたノートのまとめ方で、ノートを3つのスペースに分けて情報を整理します。

ヒント！ キーワードは、①を書いた記憶が残っているその日のうちに記入する。

①ノート
話を聞いたり本を読んだりしながらメモをとる。言葉を一言一句書き写すのではなく、重要な単語を羅列したり、矢印などの思考ツールでつなげたりしながら書くと、大量の情報を短時間で書き留めておくことができる。

②キーワード
内容を思い出す手がかりとなるようなキーワードや質問を書くことで、①で書き留めた話を復習する。

③サマリー（要約）
話の内容を自分の言葉で文章にしてまとめる。できるだけ簡潔に、過不足なく内容をまとめることで情報を整理することができる。自分の感想を短く書き加えてもよい。

ノートさえあれば、線を引いて3つのスペースに分けるだけで始められるよ。気軽に挑戦してみよう！

コーネル式ノートは、授業やインタビューなど誰かから聞いた話をまとめることや、本で読んだ内容を整理することなど、さまざまな情報整理に活用できるよ。

第2章 3 図書館を利用する

先輩からのアドバイス
本を使って文献調査をするときは、学校や地域の図書館を活用できます。膨大な数の本のなかから自分の探究に役立つ本をみつけ出すために、本の探し方の基本を覚えておきましょう。図書館には新聞や雑誌などもあるので、それぞれの利点も知っておくといいですよ。

ステップ1　図書館で本を探そう

図鑑参照 p46-49

次のような手順で、実際に図書館で本を探してみよう。

■パソコンで蔵書検索をする

本のタイトルか、調べたいテーマに関するキーワードを入力して検索する。
↓
キーワードで検索した場合は、本のリストが出てくるので、タイトルや著者名、出版年をみながら、調べたい本をクリックする。
↓
本の詳しい情報が表示される。「請求記号」をメモして、本棚で探す。

ヒント！
漢字やひらがななどの表記が違っていると、検索しても出てこないことがあるので注意。蔵書検索は、自宅や学校のパソコンからも図書館のホームページを開けばできる。

0	総記	40	自然科学	480	動物学
1	哲学	41	数学	481	一般動物学
2	歴史	42	物理学	482	動物地理、動物誌
3	社会科学	43	化学	483	無脊椎動物
4	自然科学	44	天文学．宇宙科学	484	軟体動物、貝類学
5	技術・工学	45	地球科学．地学	485	節足動物
6	産業	46	生物科学．一般生物学	486	昆虫類
7	芸術・美術	47	植物学	487	脊椎動物
8	言語	48	動物学	488	鳥類
9	文学	49	医学．薬学	489	哺乳類

分類番号
（4 自然科学→8 動物学→7 脊椎動物）

書名または著者名の頭文字など（図書館によって異なる）

図書館の本の背には、請求記号を表すラベルが貼られている。ラベルの一番上には、日本十進分類法（NDC）という分類法にもとづく分類番号が書かれている。

■本棚をみる

本棚の側面や館内図をみて、調べたい分野の棚を探す。

パソコンの蔵書検索ではみつからなかった役立つ本がみつかることもあるので、目当ての本が決まっている場合も、関連分野の書棚をひと通りみてみよう。

38

> 調べたい分野の分類番号を知っておけば、日本のほとんどの図書館で簡単に本をみつけられるよ。

ステップ2　図書館を活用しよう

どんな本を探せばいいのかわからないときや、本がみつからないときに活用しよう。

■辞典・事典を活用する
- 言葉の意味や基礎的な知識が整理されているので、情報収集のはじめに適している
- すべての分野が網羅されている百科事典で調べてみる
- テーマによっては、ある分野に特化した辞典・事典が役立つ

■レファレンスサービスを利用する
- 司書に本の探し方や調べ方を相談する

> 学校の図書館にも、学校司書や司書教諭がいる場合があるので、まずは身近なところから相談してみるのもいいね。

ステップ3　図書以外の資料もみよう

新聞や雑誌、視聴覚資料の利点を知って、目的に合わせて活用してみよう。

新聞（一般的に朝刊・夕刊の1日2回の発行）
事件や事故、社会的な問題、世論について書かれている
⇒ 最近の出来事やその経過、人々の意見を調べることができる

ヒント！
古い新聞は「縮刷版」という小さなサイズで収蔵されているので、過去の出来事を調べたいときは、図書館の司書にたずねてみるとよい。

雑誌（一般的に週1回、月1回の発行）
複数の著者の記事で構成されていて、1つのテーマで特集が組まれることが多い
⇒ 課題に関連する分野の雑誌があれば、新しい情報や専門家の意見を知ることができる

視聴覚資料（CDやDVDなどの映像・録音資料）
伝統芸能（落語など）や映画、ドキュメンタリー番組などがよく収蔵されている
⇒ 分野は限られているが、音声や映像でよりリアルな情報を収集できる

> 日本で出版されたほぼすべての本を収蔵している国立国会図書館や、ある分野に特化して専門書や珍しい本を収蔵している専門図書館などもあるよ。

実際に取り組んでみよう

ワーク1　学校の図書館で資料を探してみよう

調べたいテーマ：

検索キーワード：

分類番号：

みつけた本（タイトル・著者名・出版社・出版年）：
①
②
③

みつけた資料（新聞や雑誌などのタイトル・発行日）：
①
②

ワーク2　地域の図書館で資料を探してみよう

利用した図書館：

みつけた本や資料：
①
②
③

さらに探究を深めよう

発展 新聞記事の見方を知って、効率よく情報を収集しよう

 図鑑参照 p49

新聞はほとんどの高校の図書館で読むことができます。最新の情報を知ることができるので、調べたいテーマに関する記事がないかチェックしてみましょう。

新聞を活用するときのポイント

- 同じ出来事でも、新しい事実が発覚したり、状況が変わったりして、情報が日々更新されていくので、関連の記事がないか数日分を確認する。
- 新聞社によって、同じ出来事でも記事のまとめ方や表現が異なることがあるので、複数の新聞を読み比べるようにする。
- 課題によっては、一定の地域で販売されている地方紙や、ある分野に特化した専門紙をチェックしたほうが多くの情報を得られることもある（国立国会図書館が公開しているウェブサイト「リサーチ・ナビ」で、主な専門紙がみられる）。

新聞に書かれている「社説」は、新聞社としての考え方が表れる部分なので、社説を読み比べると、それぞれの新聞の特徴を知ることができるよ。

第2章 4 インターネットで調べる

先輩からのアドバイス
インターネットは情報収集にとても役立ちますが、信頼できる情報かどうかを自分で見極めることが大切です。キーワードを的確に入力して検索したり、図書館の館内パソコンなどから利用できる専門のオンラインデータベースを利用したりしてみましょう。

ステップ1　さまざまな検索方法を覚えよう

Googleなどの検索エンジンを使って、役に立ちそうなウェブサイトをみつけよう。

	特徴	方法
AND検索	複数のキーワードがすべて入っているページを探す（ページを絞り込む）	ワードとワードの間にスペースを入れる
	例 札幌市の農業について調べる⇒ 農業　札幌市	
OR検索	複数のキーワードのどれか1つでも入っているページを探す（対象を広げる）	ワードとワードの間に大文字で「OR」を入れる
	例 地域活性化か地域創生について一度に調べる⇒ 地域活性化　OR　地域創生	
NOT検索	あるキーワードが入っているページは除外して探す	除外したいキーワードの前に「-」（半角マイナス）をつける
	例 自給率以外の食料問題を調べる⇒ 食料問題　-自給率	
サイト内検索	あるサイト内のページのみを検索対象として探す	キーワードと「site:＜そのサイトのURL＞」を入れる
	例 環境省のサイト内で排出量取引について調べる⇒ site: https://www.env.go.jp/　排出量取引	
完全一致検索	キーワードに完全に一致するページを探す	キーワードを「""」（ダブルクォーテーション）で囲む
	例 長い統計資料名などについて正確に調べる⇒ "農業・食料関連産業の国内生産額"	
日付指定検索	ある期間中に作成されたページを探す	キーワードと「after:＜日付＞／before:＜日付＞」を入れる
	例 2023年1月から2024年12月にかけての「アメリカ合衆国大統領選挙」について調べる⇒ アメリカ合衆国大統領選挙　before:2023-12-31　after:2024-01-01	

ヒント！ 情報収集で参考にしたウェブサイトのURLはノートに記録しておく。

ステップ2　ウェブサイトの信頼性をチェックしよう

ウェブサイトの情報が信頼できるものかどうかを確かめてみよう。

ウェブサイトのチェックリスト

- ☑ 制作者が明記されているか
- ☑ 制作者の連絡先が書かれているか
- ☑ その分野の専門家が書いているか
- ☑ 参考文献が示されているか
- ☑ 古い記事がそのまま掲載されていないか
- ☑ 何かの宣伝のためのものではないか

> まずは国や自治体など公的なサイト（『図鑑』p54-55参照）を参考にするといいよ。個人のサイトに参考文献が示されていたら、自分でも読んで確かめてみよう。

ステップ3　統計資料を活用しよう

図鑑参照 ▶ p52-53

国や地方自治体のさまざまな事柄が数値で表された統計資料をみてみよう。

■ e-Stat（イースタット）
https://www.e-stat.go.jp/

政府の省庁が実施している統計調査結果がまとめられている。
「人口・世帯」「エネルギー・水」「運輸・観光」など17分野に分類された統計資料がPDFやExcelでみられる。

ヒント！
統計結果をグラフや地図と組み合せて表示できる機能もある（⇒本ワークp45「発展」）。

■ RESAS（リーサス）
https://resas.go.jp/

地方自治体のさまざまなデータを国が提供している。「人口」「企業活動」「まちづくり」など9つに分類され、グラフや地図でわかりやすく表示できる。

> 1つの統計資料の数値同士の関係や平均値などから、簡単に結論を出さないようにしよう。また、調査した人の目的や調査対象の選ばれ方なども確認しておいたほうがいいよ。

実際に取り組んでみよう

ワーク1 キーワード検索をしてみよう

例 高校生が使っているSNSについて調べる

よい例
`高校生　SNS　利用　site: go.jp`

わるい例
`高校生　SNS　使っている`

ヒント！
「サイト内検索」の方法で、URLを入れる部分にドメイン（URLの末尾）を入れるだけで、より信頼できる情報にアクセスできる。

ドメイン	対象となる組織
go.jp	政府機関など
lg.jp	地方公共団体
ac.jp	学校、大学など

調べたいこと：

キーワード

ワーク2 オンラインデータベースで言葉を調べてみよう

図鑑参照 p51

調べたい言葉：

利用したデータベース：

特に印象に残った情報：

ワーク3 「白書」を実際にみてみよう

課題：

関連する白書：

「白書」は、国の省庁が、社会の状況や政府の施策についてまとめた資料だよ。課題に関する基本的なデータや現状を白書で確認しておこう。

さらに探究を深めよう

発展 統計資料がみられるウェブサイト
「e-Stat」「RESAS」を活用しよう

課題についての実態を把握したり、原因を推測したりするときに役立つのが、数値で表された統計資料です。探究に必要な統計データを組み合わせて、グラフや表をつくりましょう。

e-Stat（イースタット）を活用する

- 17の分野（右図参照）から自分の課題に関連する分野を選んだり、統計を作成した府省庁などから選んだりして統計データを探すことができる。
- 「統計ダッシュボード」や「jSTAT MAP」という機能を使って、統計データをグラフや表にしたり、地図上に表示したりすることができる。

e-Statの17分野

① 国土・気象
② 人口・世帯
③ 労働・賃金
④ 農林水産業
⑤ 鉱工業
⑥ 商業・サービス業
⑦ 企業・家計・経済
⑧ 住宅・土地・建設
⑨ エネルギー・水
⑩ 運輸・観光
⑪ 情報通信・科学技術
⑫ 教育・文化・スポーツ・生活
⑬ 行財政
⑭ 司法・安全・環境
⑮ 社会保障・衛生
⑯ 国際
⑰ その他

 具体的な使い方は、総務省統計局公式YouTubeチャンネルの「e-StatとjSTAT MAPで未来を考えよう！〜高校編〜」をみるとわかりやすいよ。

RESAS（リーサス）を活用する

- 地方自治体の取り組みを支援するためのシステム。「人口」「地域経済循環」「産業構造」「企業活動」「消費」「観光」「まちづくり」「医療・福祉」「地方財政」の9つのテーマに分類されていて、それぞれの統計データをグラフや地図で表示することができる。
- 探究のテーマを「地域の活性化」など地域関連のものにした場合は特に便利に使える。

 具体的な使い方は、サイト内にある「RESASまんがブックレット『そうだったのか！RESASでわかる私たちの地域』」（https://www.chisou.go.jp/sousei/resas/information/index_manga_booklet.html）でもみられるよ。

第2章 5 体験活動を行う

先輩からのアドバイス
本を読んだり、インターネットで調べたりするだけではわかりにくいときは、自分で実際に体験活動や実験・観察を行うという方法があります。情報収集で行き詰まったときに視点を変えて違う方法を試してみることで、きっと新たな発見を得られるでしょう。

ステップ1　体験活動／実験・観察について知ろう　図鑑参照 p56-57,60

体験活動／実験・観察では、どんなことを行うのかみてみよう。

体験活動の例

- 地域での体験…地域に根づいた産業に関わる、地域の自然に触れるなど
- 職業体験…課題に関連する分野の仕事を行う
- 当事者（疑似）体験…妊婦や高齢者、障害のある人などの状態を器具を用いて体感する
- 公共サービスの体験…地域の公園や図書館、路線バスなど公共サービスを利用する

ヒント! 体験活動をしてみて自分が感じたことや思ったことは、課題解決につながるヒントになることがあるので、必ずメモをしておく。

実験・観察の例

- 物質の成分を分析したり、化学反応を調べたりする
- エネルギーの流れや働きを観測する
- 動植物の組織や性質を調べる
- 天体を観測する

自分の課題の場合はどんな実験・観察が有効かを、事前に文献などを読んで調べておくといいよ。課題に合わせた具体的な例が『図鑑』p61にあるので参考にしよう。

ステップ2　体験活動の流れをつかもう

体験活動の準備から成果と課題の整理まで、全体の流れを知っておこう。

① **事前調査**　本などで事前に調べておき、わからないことを書いておく。

↓

② **計画**　希望する体験活動の流れと知りたいことを書き出す。

↓

③ **依頼**　体験先の施設などに事前に許可を得る（⇒『図鑑』p66-67）。

↓

④ **体験**　現地に行き、実際に体験する。必要に応じてメモや録音、録画をする。

↓

⑤ **成果のまとめ**　活動中の記録などを見返して、わかったことや感じたことを整理する。

体験先では、立ち入り禁止の場所や撮影・録音ができないこともあるので、どんな体験をしたいか、体験先で協力してもらう人や学校の先生と事前によく相談しておこう。

ステップ3　実験・観察で仮説を検証しよう

実験・観察の準備から記録まで、全体の流れを知っておこう。

計画
目的を明確にし、方法やスケジュールの計画を立てる。仮説の検証に必要な計画を論理的に導き出す。実験の場合は、使える装置や道具について先生に相談する。

→

安全への心構え
実験をするときは事前に許可をとり、先生の指示や注意に従う。装置や試薬などの使い方を学んでおき、必要であれば白衣や安全メガネを着用する。

↓

条件を一定にする
実験を繰り返すときは、毎回同じ条件で行う。観察は毎日同じ時間に行うなど、条件を決めておく。一部の条件を変えて比較する場合も、変更する条件以外は同じにする。

→

データの記録
数値などを正確に記録する。必要な場合は、写真や動画の撮影、スケッチを行う。

実験や観察を行うときは、計画の段階から記録をつけておこう。専用の「実験観察ノート」を作っておくと便利だよ（⇒本ワーク第2章②）。

自分が立てた仮説と違う結果が出たときも、データの改ざんはせず、事実をそのまま記録しよう。実験・観察の方法や仮説の立て方に問題がないかを考えるチャンスだね。

実際に取り組んでみよう

ワーク1　どのような体験活動を行うとよいかを考えよう

課題

① 地域での体験
② 職業体験
③ 当事者（疑似）体験
④ 公共サービスの体験
⑤ その他の体験

選んだのは…?

具体的には…

ワーク2　事前に調べたことや体験活動で知りたいことを書き出そう

本などで調べたこと：

わからなかったこと：

-
-
-

体験活動で知りたいこと：

-
-
-

ワーク3　体験活動の依頼をしよう

体験先

公開されている連絡先（住所、電話番号、メールアドレスなど）

ワーク4　体験活動によって得られる成果を予想しよう

五感で感じられること

周りの環境や現場の雰囲気について

作業の手順や方法について（文章で表しづらいときは図を描こう）

体験を通して湧き起こる感情や感想

第2章 6 インタビューを行う

先輩からのアドバイス

本を読んで疑問に思ったことや、統計資料の数字ではみえなかったことが、専門家の人などに直接話を聞くことで明らかになり、探究をより深めることができます。インタビューは、ある分野や問題に関わりが深い人のリアルな声を自分の探究に生かすことができる貴重な機会です。

ステップ1　どんな人にインタビューをするかを考えよう

自分（自分たち）が取り組んでいる課題について、どんな人に聞くのがよいかな？

その課題の専門家	博物館、美術館、資料館などの担当者	地域の担当者	その課題の当事者
大学や研究機関の研究者、参考文献の著者など	課題に関わる展示の担当者（地域の課題であれば郷土資料館の職員など）	役所や自治会、PTAなど	課題のテーマが「町づくり」なら商店や住民、「福祉」なら介護士やその利用者など

インタビュー対象としてふさわしい人がいないか、先生にも聞いてみよう。

NPO団体（特定非営利活動法人）にはさまざまな活動分野があるので、取り組んでいる課題と近い活動を行っている団体をみつけやすいかも。

ステップ2　質問項目を決めよう

インタビューする相手に質問したいことを決めておこう。

- 聞きたいことを箇条書きにする（先行研究でわかっていることは聞かない）
- インタビューフォームをつくる（当日そのまま伝えられる質問内容にする）

例） 相手が郷土資料館の職員で、課題のテーマが「地域の歴史」の場合

「郷土史関連の展示で利用者に人気だったものは何か？」「地域の歴史に関心をもってもらえるように工夫している宣伝の方法は？」など。

ヒント！
取材時間に合わせて質問項目の数を決めておき、優先順位は低いけれども時間があれば聞きたいことを、最後に1、2項目ほど用意しておくとよい。

専門家にインタビューをする場合、その人の著書があれば必ず読んでおこう。

ステップ3　インタビューの流れをつかもう

事前の準備から内容の整理まで、全体の流れを知ったうえで進めていこう。

①準備

多くの本を読むなど、下調べをしておく。インタビュー対象となる人を選んで、質問内容を準備する。

> **ヒント！**
> インタビューを断られる可能性があるので、候補を何人か考えておくとよい。質問内容もおおまかなものにしておく。

②インタビューの申し込み

手紙やメール、電話などで相手に連絡する。事前に手紙や電話のマナーを調べておく（⇒『図鑑』P66-67）。

ボイスレコーダー

③インタビュー当日

ボイスレコーダー、ノート、インタビューフォーム、カメラなどを忘れないようにする。インタビューを行う場所に、約束の時刻の5分前には到着するようにする（⇒『図鑑』P68-69）。

④お礼

インタビューが終わったら、できるだけ早くにメールや手紙でお礼を伝える（⇒『図鑑』P69）。

⑤インタビューの内容の整理

記憶が新しいうちに、インタビュー中のメモをみたり、録音を聞いたりしながら、探究ノートに要点をまとめる（⇒『図鑑』P69）。

> インタビュー中は、メモを取ることよりも聞くことに集中したほうがいいので、ボイスレコーダーで録音しておくといいよ。使うときは必ず相手の承諾を得るようにしよう。

> 対面のインタビューのほかにも、メールや手紙で質問を送って回答してもらう方法もあるよ。オンライン会議アプリを使えば、海外の人に話を聞くこともできるね。

第2章　6　インタビューを行う

実際に取り組んでみよう

ワーク1　インタビューの申し込み文を書いてみよう

図鑑参照
p66-68

件名：インタビューの依頼について

宛名：

あいさつ文：

初めてご連絡差し上げます。＿＿＿＿＿＿高校の＿＿＿＿＿＿＿＿＿＿と申します。

質問内容：

返信の期限：

お忙しいところ恐れ入りますが、＿＿＿月＿＿＿日までにお返事いただけましたら幸いです。

どうぞよろしくお願いいたします。

署名：

ワーク2　インタビューのあいさつと内容の説明の予行演習をしておこう

例

自分：○○高校○年の○○○○です。本日はお忙しいなか、お時間をつくっていただき、ありがとうございます。

相手：ようこそお越しくださいました。私は○○社の○○○○と申します。

自分：本日は、○○○についてお話をお聞かせいただきたく、インタビューに伺いました。私（たち）は○○○○○を探究しています。特にお聞きしたいことはこちらの資料にまとめさせていただきました。どうぞよろしくお願いいたします。

さらに探究を深めよう

発展 インタビューの質問の仕方のコツを覚えておこう

インタビューは、短い時間でどれだけ相手の話を引き出せるかがポイントになります。会話のキャッチボールがうまくできるように、自分なりのコツをもっておきましょう。

こんなときはこんな質問をしてみよう

- 質問に対する回答が短かったとき、予想していた答えと違ったとき
  → （例）相手に質問した内容について自分なりに考えた答えを伝えて、その考え方に対する意見を聞く

- 本音で語っていないと感じたとき
  → （例）苦労したことやうれしかったことなど、湧き起こった感情について答えてもらえるような質問をする

困ったときにはこんなことをしてみよう

- わからない言葉が出てきたとき、話が聞き取れなかったとき
  → （例）メモをしておいて、話が途切れたときに尋ねる

- 緊張して会話ができないとき
  → （例）自分が緊張していることを相手に伝えて、緊張したときはどのように対処しているかを教えてもらう

- 時間が余ってしまったとき
  → （例）高校生のときにどの科目が好きだったかなど、相手が高校生だったときの話を聞く

話を聞いていて、興味をもったことや疑問に思ったことがあれば、事前に考えていた質問項目にはないことでもどんどん質問してみよう。ただし、時間の配分には気をつけよう。

インタビュー当日に焦らないためにも、事前にしっかりと調べて知識を身につけておくことが成功のカギだね！

☆ワーク2の続きで、インタビューの練習（『図鑑』p69参照）をしてみよう。

第2章 7 アンケートを行う

先輩からのアドバイス
多くの人の考え方や生活の実態についての傾向を知りたいときに、アンケートはとても有効な方法です。課題のなかで明らかにしたいことをアンケートの回答から効率よく得るために、わかりやすく明確な質問項目をしっかりと考えるようにしましょう。

ステップ1　アンケートの流れをみてみよう

どんな人たちに、どのように尋ねるか、アンケートによる情報収集の方法を知ろう。

❶調査対象者の選出
知りたい内容について、偏りなく多くの人の意見を聞くために、どんな集団を対象にするとよいかを考える。

（例）「地域の商店街の利用状況」を知りたいときは、商店街に来る人だけでなく、商店街を利用しない人の意見も聞けるように、「商店街の半径〇〇km以内の住民」を対象にする。

（例）調査対象となる集団の全体（母集団）が「〇〇市の高校生」の場合、特定の学年の生徒の意見ばかりを集めるのではなく、全体の構成と同じようにする（1年生が学校全体の人数の4割なら、アンケート回答者の1年生の人数も全体の4割ほどになるように工夫する）。

❷調査方法の検討
郵送、手渡し、店舗やイベント会場での配布、インターネットを使うなどの方法がある。

	郵送	街頭で調査票を配る	インターネット
メリット	●幅広い年代の人に用紙を届けられる ●遠方の人にも届けられる	●アンケートに応じてくれる確率が高い ●回答漏れなどをその場でなくすことができる	●居場所を問わず多くの人に届けられる ●手間がかからないので回収率が高い
デメリット	●郵送の料金がかかる ●回答率が低い ●回収までに時間がかかる	●たまたまその場にいる人のみに尋ねるので、年代・性別・住んでいる場所などが調整できない	●SNSなどで拡散すると、いい加減な回答も出てくる ●インターネットを使える人にしか届けられない

❸アンケートの実施
調査票（アンケート用紙など）を作成したり、インターネットのアンケートフォーム（『図鑑』p73参照）などを利用したりして実施する。

❹アンケート用紙の回収
アンケート用紙（データ）を回収し、集計して整理・分析し、探究ノートにまとめる。

集めた回答数が少なすぎると、一部の人の考え方が全体の傾向であるかのように間違ってとらえられてしまうので、できるだけ多くの回答が得られるようにしよう。

ステップ2 目的を決めてアンケートを行おう

知りたいことが明らかになるような質問を設定しよう。

 SNSが高校生の生活に及ぼす影響 → 高校生にSNSの利用状況や、利用するメリット／デメリットを尋ねる

 市内の川の環境保全をするには？ → 市内の幅広い年代の人に、川や川沿い地域の利用状況や保全のために行いたいことを尋ねる

ステップ3 聞きたいことを引き出す質問と選択肢をつくろう

次の質問を読んで、どういった点がよくないかを考えてみよう。

「問．あなたは、AやBに対してどのくらい関心をもっていますか。」
⇒Aには関心が高くても、Bには関心のない人が答えづらい。1つの質問に論点は1つにする。たとえば、AかBのどちらかについての質問にするか、2つの質問に分ける。

「問．当県はAの生産が盛んで、県民の65％が朝食にAを食べるという調査結果があります。あなたは朝食にAを食べますか。Bを食べますか。」
⇒Aが優位になるような情報を与えることで、Bと答えづらくなる。回答を誘導するような質問をしない。

「問．あなたは朝食に何を食べますか。　1．ご飯　2．パン」
⇒ご飯とパン以外のものを食べる人や、朝食をとらない人が答えられない。選択肢はどこかに当てはまるようにする。あるいは「その他」の選択肢を入れて、自由回答欄をつける。

「問．あなたは美術に興味がありますか。」
⇒質問が漠然としすぎていて、「興味がある」と答えるだけになってしまう。「過去1年間で美術館に何回行きましたか」など、わかりやすく具体的に質問する。

回数を答えてもらう質問の場合は、「0回」「1〜4回」「5〜9回」「10回以上」などの選択肢を用意しておくと、あとで集計するときにも便利だよ。

実際に取り組んでみよう

ワーク 4つの回答形式で、アンケートの質問をつくってみよう

図鑑参照 p71

■ Yes/No方式
「はい」「いいえ」のどちらかで答えられる場合

> **例** あなたは〇〇市に住んでいますか。
> 1. はい　2. いいえ

■ 選択肢方式
頻度や量などを尋ねたい場合

> **例** あなたは、朝食を週何回食べますか。
> 1. 毎日　2. 週5～6回　3. 週3～4回
> 4. 週1～2回　5. まったく食べない

■ 4件法方式
どのくらい好き／嫌いか、満足しているかなどを尋ねる場合

> **例** あなたは、プラスチックごみによる海の汚染の問題に関心がありますか。
> 1. 非常に関心がある　2. ある程度関心がある
> 3. あまり関心がない　4. まったく関心がない

■ 自由回答方式
回答者の意見をより細かく尋ねたい場合

> **例** 〇〇高校の文化祭に参加して、最も楽しかったことは何でしたか。

問1.

問2.

問3.

問4.

アンケート用紙には、探究学習のテーマをはじめ、調査の意図や内容を記載しよう。プライバシーに配慮していることを明記するのも忘れずに（『図鑑』p73参照）。

56

さらに探究を深めよう

発展 オンラインでアンケートを取ってみよう

図鑑参照 ▶ p73

アンケートは最後に分析をする必要があります。インターネット上でアンケートを作成し、回答・集計から表やグラフの作成まで行えるサービスを使ってみるのもよいでしょう。

■ 4件法方式

ラジオボタン

問1.朝食をとっていますか？
- ● はい
- ○ いいえ

チェックボックス

問5.午前中によく飲むものを教えてください。
- □ 緑茶
- □ 麦茶
- □ 紅茶
- ☑ コーヒー
- □ ジュース
- ☑ 水

プルダウン

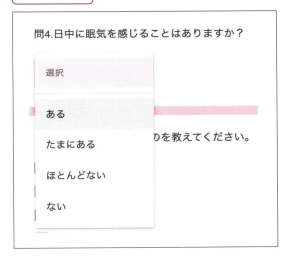

ラジオボタンとプルダウンは1つだけを選択できるもので、チェックボックスは複数選択できるものになっているよ。どういう分析をしたいかで使い分けよう。

☆ワークで設定した質問項目を、オンラインのアンケートフォームにも入力してみよう。

アンケート用紙を使う場合でも、回答をパソコンのExcelなどの表計算ソフトを使ってデータで入力しておくと、集計や分析をするときに便利だよ。

コラム② 学校行事を探究に生かしてみよう

　学校の授業で得た知識や日常生活での体験や気づきだけでなく、学校行事などの特別なイベントも自分の探究に生かすことができます。

　たとえば、学園祭ではクラスやブロックに分かれて出し物や企画を行います。これらの企画を進めながら、自分の探究プロセスを体験する機会にすることはできないでしょうか。

　仮に、学園祭でクラス演劇を上演するとしましょう。その場合、「クラス演劇で多くの人に感動を味わってもらうには、どのような台本を書けばよいか」のように、企画自体を探究の課題として設定してみるのも面白いかもしれません。課題を達成するためには、クラス演劇を観に来る人にはどんな人が多いか、感動を起こさせるにはどのような題材を選べばよいかなど、「情報収集」が必要になります。みんなで取り組む企画ですから、誰かの独断でストーリーを決めるのではなく、推薦する内容の根拠を明らかにして議論する「グループディスカッション」の時間をつくるのもよいでしょう。「まとめ・発表」として演劇の上演を行い、最後に、仮説通りにうまくいった部分や、逆にあまりうまくいかなかった部分などを整理して「振り返り」を行います。

　修学旅行を探究に生かす場合は、遠方に旅行できるフィールドワークの機会ととらえてみるのはどうでしょうか。たとえば、沖縄に修学旅行に行くとします。課題を「沖縄の○○」とするケースも多いのですが、数日滞在するだけの修学旅行で行き先の地域の課題を設定して解決策を提案するのは実はとても難しいのです。

　そこでおすすめしたいのが、あなたが普段考えている課題との「比較」です。たとえば「高齢者が元気に暮らせる街にするには」をテーマにしている人は、自分の地域と沖縄（行き先）との比較をすることで、解決策の手がかりを得ることができます。他にも、「ごみ問題」でも「観光」でも比較ができるでしょう。事前に調査をしてポイントを整理しておくことで、限られた時間の中でインタビューやアンケートを行い、現地の人々の意見や感じていることを集めることができます。

　学校行事のように多くの人が関わるイベントをうまく活用することで、本を読むだけでは得られない生の情報を得ることができたり、一人では実行するのが難しいことをすることができます。「自分の取り組んでいる課題と行事とをどうつなげることができるか？」という視点から考えて、ぜひ挑戦してみてください。

■ 自分の住んでいる街と修学旅行先の比較ポイント（例：高齢者の生活について）

	自分が住んでいる街	修学旅行先
高齢者の生活習慣は？		
高齢者が不便に感じていることは？		
高齢者が暮らしやすくするために工夫されていることは？		

注目したいことや現地の人に聞いてみたいことをあらかじめ整理しておくことがポイントだよ。

第3章

整理・分析

1. 集めた情報を整理する ……………… 60
2. 統計データをつくろう ……………… 64
3. 調べた情報を分析する ……………… 68
4. グループディスカッションを行う ……………… 72

コラム③ 探究で生成AIを活用するには ……………… 76

第3章 1 集めた情報を整理する

先輩からのアドバイス

情報はただ集めただけではうまく使っていくことができません。集めた情報に偏りがないかを客観的にとらえるためにも、上手に整理しておきましょう。これから課題をまとめていくときに「根拠」として示すこともできます。

ステップ1　情報を整理するツールを使おう

図鑑参照 p76-77

さまざまな整理方法のなかから、自分のテーマに合っている方法は何か考えてみよう。

| 時系列で並べる | 表にまとめる | マンダラチャート | XY軸 | フィッシュボーン図 |

　　時間軸で整理　　　　　　　思考ツールで整理

ヒント！
調査のなかで出て来たキーワードを整理するときは、思考ツールを活用するといい。

僕は商店街の移り変わりを調べているから、時間軸がわかる方法が適しているな。

ステップ2　表計算ソフトを使って、図（グラフ）や表をつくってみよう

図鑑参照 p78-79

言葉（文章）で表すよりも視覚化したほうがわかりやすいデータは、図（グラフ）や表でまとめてみよう。

例　鈴木家と佐藤家の夕食におでんが出てくる回数の推移（月別）

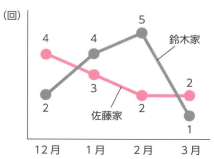

図（グラフ）っていろいろな種類があるよね。集めたデータの質や用途によって使い分けるのがいいね。商店街の店舗数の移り変わりを示すなら、棒グラフか折れ線グラフかな。

みる人にとってわかりやすくすることも大事だよ。作成した図には、タイトルをつけるのはもちろん、単位や数値をきっちりと示しておこう。

ステップ3　本で調べて内容を要約してみよう

文献にあたったときは、大事なところを拾って活用するようにしよう。

■ 要約のポイント
- 同じ言葉が出て来たら、重要なキーワードの可能性が高い
- 章、段落ごとに大事な部分には線を引きながら読み進めていく

■ 記録しておくこと
- 書籍のタイトル
- 著者名
- 出版社、発行年
- キーワード（1冊につき3～5個）
- 重要なページ番号
- 重要な文章、気になったこと

■ プロット図の活用

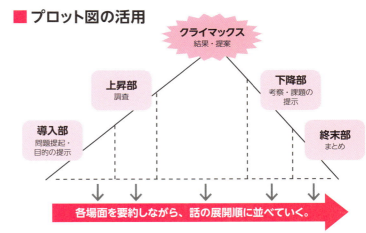

ヒント！　要点をつかむためには、プロット図の活用も有効。内容を順序立てて整理し、構造化できる。

構造化すると論旨がわかりやすくなるね。調べたことは、A4サイズの紙1～2枚程度にまとめておくのがいいと思う。

資料を読むときは、要約することを意識してマーカーや付せんで印をつけながら読むと、あとでまとめやすいよ。

ステップ4　要約した資料を整理しよう

要約した資料は、さらに「時系列」「意見別」「種類別」で分類しておくと使いやすい。

1. 時系列にまとめる
課題に関する考え方や事象が時代を追うごとに変わってきているものなどは、発表（刊行）された年月順に整理する。

2. 意見別にまとめる
賛成、反対に分かれるような課題の場合は、意見別に文献を整理する。

3. 種類別にまとめる
「基礎知識」「専門知識」「統計データ」など、文献の内容別に整理する。

ヒント！　整理した資料は、探究ノートに貼り付けておき、必要なときにすぐに探せるようにしておくといい。

商店街の歴史をまとめるなら、時系列にまとめてみるのがよさそうだね。

商店街の再開発に対する賛成意見、反対意見を分類してみるのもいいと思う。自分の意見を立証してくれるもの、反論になりうるものが一目でわかるようになるね。

実際に取り組んでみよう

ワーク1 集めた情報を思考ツールで整理してみよう

図鑑参照
p76-79

集めた情報は…?

選んだ整理ツールは…?

理由:

ワーク2 集めたデータで図（グラフ）をつくってみよう

選んだグラフの種類:

　　　　グラフ

単位は…?

タイトルは…?

数値は…?

> 表計算ソフトを使う前に、一度、下書きをしてみよう。

ワーク3　文献の要約をしてみよう

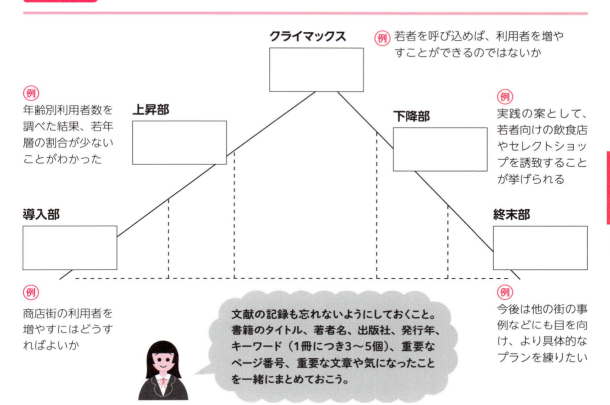

ワーク4　要約した資料を整理しよう

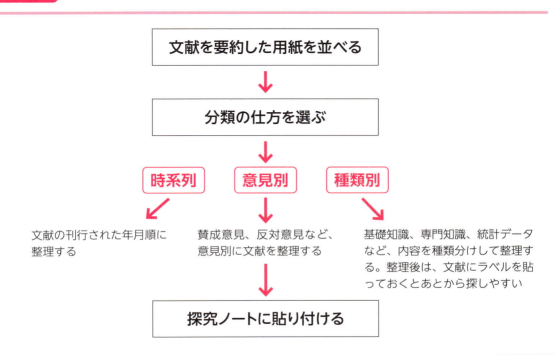

第3章 2 統計データをつくろう

先輩からのアドバイス

アンケートで集めたデータは、グラフで視覚化するとわかりやすくなります。表計算ソフトを使えるようになると、データの集計だけでなく、表やグラフを自由につくれるので便利です。ここでは、基本的な使い方を覚え、実際に表やグラフをつくってみましょう。

ステップ1 アンケートをとってデータを集めてみよう

図鑑参照 p84-85

仮説の立証に必要な事柄についてアンケートをとってみよう。まずはどんな質問を用意するかを検討しよう。たとえば、「住んでいる土地への愛着度」を調べたかったら…?

例 質問1 「○○市への愛着を感じることはありますか?」

1. ある　　2. ややある　　3. あまりない　　4. ない

ヒント! 質問を組み合わせるとより詳しい分析ができるようになる。

例 質問2 「○○市にはどのくらい居住していますか?」

1. 1年未満　　2. 1年以上4年未満　　3. 4年以上10年未満
4. 10年以上20年未満　　5. 20年以上

例 質問3 「あなたの年齢を教えてください」

1. 10歳未満　2. 10代　3. 20代　4. 30代　5. 40代
6. 50代　7. 60代　8. 70代　9. 80代以上

質問1と質問2を組み合わせると、「居住年数ごとの市への愛着度」がわかるということだね。

ほかにも違う質問を組み合わせて得られるデータはあるかな?

質問3はどの質問と組み合わせるの?

質問1と組み合わせれば「年代別の市への愛着度」がわかるし、質問2と組み合わせれば「年代別の居住年数の割合」を出すことができるね。

ヒント!
アンケートをとるときは「クロス集計」を使ってどんなデータが得られるかをよく考えて質問を設定するとよい。

ステップ2　表計算ソフトを使ってみよう

アンケートを回収したら集計し、表やグラフを作成してみよう。

	A	B
1	○○市にどのくらい居住していますか？	
2		単位：人
3	1年未満	2
4	1年以上4年未満	13
5	4年以上10年未満	14
6	10年以上20年未満	29
7	20年以上	142

アンケート結果を表にまとめたら、見やすくなるね。マスに文字を入力して、罫線を引けばいいんだね。

自動計算を使う

■ オートSUMを使う

合計値を出したいセルを選択後、オートSUMボタンを押してエンターキーを押すと、合計が表示される。

■ セルの数値で計算する数式を使う

セルに＝（半角イコール）を入力し、入れたい数値のあるセル名で数式をつくってエンターキーを押す。

ヒント！ 入力した数式は、数式バーで確認することができる。

電卓を使わなくても、表計算ソフトの機能を使えば、自動で計算してくれるんだね。

グラフをつくる

グラフタイトルをクリックし、タイトルありを選択。

グラフ内にできた枠にタイトルを入力する。

ヒント！
どの数値をグラフにしたいのかをハッキリさせて、範囲選択をすることが大切。数値だけでなく、その数値が何を示しているか項目も選択すること。

たとえば円グラフは割合を示すのに適したグラフだよ。「年代別の居住年数の割合」を表すには好都合だね。

グラフをつくるポイント
1. グラフ化したいデータをあらかじめ入力しておく。
2. データの範囲を選択したあと、グラフの種類を選ぶ。
3. タイトルや単位を表示して、グラフの体裁を整える

第3章　2　統計データをつくろう

65

実際に取り組んでみよう

ワーク1　表計算ソフトで表をつくってみよう

下のデータを表にして見やすくしてみよう。

例 学年別の高校生の通学手段を1200人を対象に調査した。

高校1年生は、電車55.7％、自転車28.0％、バス10.2％、徒歩6.1％の割合だった。

高校2年生は、電車53.0％、自転車29.5％、バス10.8％、徒歩6.7％の割合だった。

高校3年生は、電車52.0％、自転車30.2％、バス9.0％、徒歩8.8％の割合だった。

学年	交通手段			

ワーク2　表計算ソフトでグラフをつくってみよう

下のデータをグラフにしてみよう。

例 AさんとBさんのテスト勉強時間を5日間にわたって調査した。

11/15のテスト勉強時間は、Aさんは3.1時間、Bさんは0.4時間。

11/16のテスト勉強時間は、Aさんは3.2時間、Bさんは2.2時間。

11/17のテスト勉強時間は、Aさんは3.1時間、Bさんは2.2時間。

11/18のテスト勉強時間は、Aさんは3.0時間、Bさんは2.8時間。

11/19のテスト勉強時間は、Aさんは3.1時間、Bさんは3.9時間。

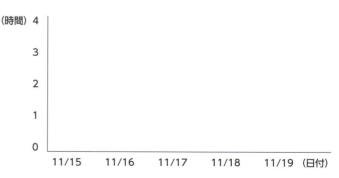

> まずは、データを表にまとめてから、データを示すのに適したグラフは何か考えてみよう。データの範囲を選択してグラフ化したら、グラフにタイトルや単位、数値を表示して体裁を整えよう。

さらに探究を深めよう

発展 オンラインアンケートの結果を集計して、図や表にしてみよう

本ワーク第2章⑦でとったオンラインアンケートを集計してみましょう。

集計結果を表にしてみよう

- 表計算ソフトを使って、集計してみよう。
- マスに文字を入力して、罫線を引こう。
- タイトルや単位を入れて体裁を整えよう。

表をグラフにしてみよう

- いちばんわかりやすく伝えられるグラフの種類を選ぼう。
- グラフ化したいデータが表に入力されているか確かめよう。
- グラフ化したら、タイトルや単位を表示して体裁を整えよう

誰かに見せることを考えて作成するのがいいね。たとえば、表の列や行の幅はそろっているかな？　そろえるだけでも見やすい表になるよ。

たとえば2つの項目の推移を比べるときは、色分けして示すといいよ。一目で区別ができるから、比較しやすい。

☆でき上がった表やグラフを見て、もっと工夫したい点を書き出してみよう

3 調べた情報を分析する

先輩からのアドバイス　探究を進めていくと、たくさんの資料に出会います。ただ資料を集めるのではなく、一つずつよく内容を検討していくとよいでしょう。たとえば文献を読むうえでは、批判的に読むことで、問題点に気づいたり、自分なりの解釈を導き出したりすることができます。

ステップ1　集めた資料を分析してみよう

定量分析と定性分析のどちらで分析するのが適しているか考えてみよう。

■ 定量分析

⇒数量や数式を使って分析する方法。　例 アンケート調査、実験で得たデータ

メリット	デメリット
●得られた結果を明確に数値で示すことができ、全体像が把握できる。 ●数値化されたデータを分析するため、定性分析と比べ、比較的分析がしやすい。 ●定性分析と比べると、情報に対する解釈に個人差が出にくい。 ●グラフなどの形にすることで、一目でわかる形で結果を表すことができる。	●信頼性を得るためには十分な数のサンプルが必要となる（通常は100以上必要）。 ●ふさわしい分析方法を選ばないと、分析が不十分なものになる。 ●全体像を把握しやすいとはいえ、あくまで特定の方向から切り取った一面であることを見逃しやすい。

■ 定性分析

⇒数量以外で分析する方法。聞き取り調査など、数値化できない情報をもとに分析していく。

メリット	デメリット
●まだ誰も取り扱っていないような独自性のある課題や、規模の小さい課題を調査するときに有効である。 ●対象者の思いを知ることができ、内容が深まりやすい。 ●対象者の言葉のニュアンス、表情、口調など、数値にできないさまざまな情報を読み取ることで、幅広い情報を得ることができる。	●明らかな数値が出る定量分析とは異なり、分析が難しい。 ●主観にもとづいた分析をしてしまう危険性がある。 ●定量的な調査、分析に比べて時間がかかる場合が多い。

ヒント！　定量分析と定性分析を組み合わせると、より内容の深い調査ができる。

ステップ2　資料を批判的に読んでみよう

資料は批判的な視点をもって読んでみると、自分なりの解釈を導きやすい。たとえば、書き込みながら読んでみると…

付せんを貼り、疑問点を直接書き込む。

> フードロスとは、本来食べられるのに捨てられてしまう食品のことをいう。フードロスは、食品が無駄になるだけでなく、環境にも悪影響を及ぼす。
>
> では、日本ではどのくらいのフードロスが毎年発生しているのだろうか。
>
> 農林水産省「食料需給表」によると、令和元年度のフードロスは推計で年間570万トンにのぼる。ここから換算すると、日本人一人あたり、1年で45kg、1日当たり125g（およそご飯茶碗1杯にあたる量）の食品が捨てられている。
>
> フードロスには大きく分けて2種類ある。一つが食品製造業や外食産業などの事業活動に伴って発生する事業系食品ロス、もう一つが各家庭から発生する家庭系食品ロスである。
>
> 570万トンのうち、事業系食品ロスが309万トン、家庭系食品ロスが261万トンとなっている。

事業系の内訳は？

重要だと思うところにマーカーをつける。キーワードは丸をつける、重要部分はマーカー、疑問点は書き込み、などと分類しておくとあとから見返すときわかりやすい。

「なぜだろう」「本当だろうか」「根拠はあるのか」の3つの視点をもって読み進めると、問題点に気づきやすいよ。すぐには疑問の答えを出せなくても、気になったところに付せんやマーカーで印をつけておいて、あとからじっくりと考えてみよう。

ステップ3　資料の内容を検証してみよう

集めた資料で自分の仮説を立証できるかな？　次のチェックリストで振り返ってみよう。

検証するときのチェックリスト

- ☑ 情報量は十分にあるか？⇒1〜2種類の文献では確かな情報とはいえない。
- ☑ 情報は信頼できるか？⇒特にインターネットから得た情報は、発信元がどこかを確認して信頼性を確かめよう。
- ☑ 情報に偏りはないか？⇒自分の主張に有利なものだけではなく、立場の異なる意見も集めよう。
- ☑ 情報は客観的なものか？⇒十分な数の対象者をもとに調査されたものか、複数の根拠をもとにされている主張かどうかを確認しよう。

ヒント！

調べた情報が本当に正しいのか疑ってかかり、おかしいと感じたら複数の資料に当たってみることも必要だ。

自分の立てた仮説を立証してくれるものだけを探してはいけないんだね。

第3章　3 調べた情報を分析する

69

実際に取り組んでみよう

ワーク1　定量分析か定性分析か選んでみよう

 図鑑参照 p82

■ 次の場合は、定量分析、定性分析のどちらが適しているだろう?

表に分類してみよう。
① ある産業の企業倒産数の推移を調べるとき
② ある市のここ10年間の保育園の入りやすさを調べるとき
③ 観光客の減少数を調べるとき
④ 地域における防災の課題を調べるとき

定量分析 (客観的な比較や分析ができるため、状況を全体的に把握したいときに用いる)	定性分析 (「なぜ」「どのように」といった理由や目的、状態を深く知りたいときに用いる)

聞き取り調査をしたほうが情報が得られそうな課題は、定性分析に適しているね。たとえば、観光客の減少について数の推移を調べるなら定量分析、なぜ減少しているかの理由を調べるときには定性分析が適しているよ。

■ 自分の課題は定量分析が向いているか、定性分析が向いているか考えてみよう。

調べるテーマ:「　　　　　　　　　　　」

選んだのは…?　　定量分析　/　定性分析

理由は?　[　　　　　　　　　　　　　　]

課題によっては、定量分析と定性分析を組み合わせることも考えてみよう。

ワーク2　文献の内容を検証してみよう

図鑑参照 p86

チェックリストを使って、集めた資料をまとめて整理してみよう。

集めた文献リスト:

チェックリスト
- ☑ 情報量は十分にあるか?
- ☑ 情報は信頼できるか?
- ☑ 情報に偏りはないか?
- ☑ 情報は客観的なものか?

さらに探究を深めよう

発展 ピラミッドチャートを使って資料を分析しよう

 図鑑参照 p87

資料を批判的に読解するときは、ピラミッドチャートを使ってみるのが有効です。文献の主張と根拠を構造的にとらえるときに役立ちます。

■ **ピラミッドチャートを作成しよう**

資料を一つ選び、以下のピラミッドチャートの空欄に当てはまることをまとめてみよう。

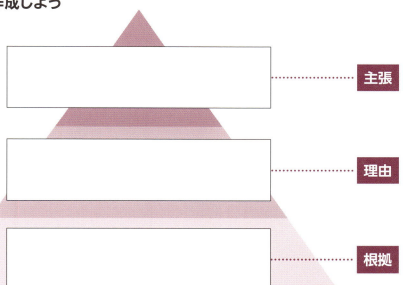

■ **さらに調べることを探してみよう**

ピラミッドチャートで構造が把握できたら、資料のなかに重要な点と問題点を探してみよう。問題点がみつかったら、その問題を解決するような資料をさらに探してみよう。

たとえば…

> 家庭からのフードロスが半分を占めているということは、家庭の取り組みが大切ということの根拠になりうる。でも、それは逆にいうと、半分は家庭からのフードロスではないともいえるのでは……

> 家庭からのフードロスの割合が近年増えているのか、減っているのかを調べよう。それから、事業活動からのフードロスに比べて家庭からのフードロスを削減する取り組みのほうが結果が出やすい、というような資料がもしあると有効な反論になるのでは！

第3章 4 グループディスカッションを行う

先輩からのアドバイス

自分だけで考えていると、アイデアがいき詰まってしまうことがあります。そんなとき、ディスカッションでまわりの人と意見を交わすと、新しい発見があり、自分の意見を掘り下げるきっかけになります。有意義な時間にできるように、事前の準備や進め方を知っておきましょう。

ステップ1 グループディスカッションのやり方を学ぼう

ディスカッションを始める前に、基本的なことを決めておくこと。

人数の設定
4〜8人の少人数がよい。

> グループディスカッションでは、意見交換を活発にすることが大事。一人ひとりの発言数が多くなるように、大人数にしないことが大切だよ。

時間を決めよう
30分くらいが適切。

5分	課題の確認、時間配分の確認（司会による）ブレインストーミング
15分	意見を広げる
10分	結論・まとめ

> 時間はあらかじめ設定しておいて、時間の配分を決めておくといいね。

役割を決めよう

司会進行
質問を投げかけたり、発言を促したりと、ディスカッションの流れをコントロールする役割。

書記
意見のなかから重要な意見を抜き出し、まとめる役割。

タイムキーパー
制限時間内に話し合いができるように、時間を管理する役割（司会が兼任してもよい）

| ステップ2 | グループディスカッションの準備をしよう |

活発な議論ができるように、次の3つは事前に準備しておこう。

①情報を共有する
- テーマをメンバー間で共有しよう。
- 専門用語は、あらかじめメンバー間で定義を理解しておこう。

②課題を理解する
- 意見がいえるように、メンバー全員が課題について理解しておこう。

③自分の意見をもつ
- 自分がどの立場かを主張できるように、あらかじめ意見を整理しておこう。

ヒント! 課題に対する主張をどのように導き出したかを説明できるように、裏づけとなる情報も準備しておこう。

事前に同じメンバーで打ち合わせをしておくといいね。

| ステップ3 | グループディスカッションのルールを知ろう |

図鑑参照 p89

ルール1 人の発言はさえぎらない

ルール2 発言は簡潔に!

ルール3 反対意見を大切に

ルール4 人格否定をしない

相手の意見が間違っていると感じたとしても、話をさえぎって意見をいうことはしないようにしよう。

グループディスカッションの具体的な流れは、『図鑑』p90-91を参考にしてみよう。

実際に取り組んでみよう

ワーク 議題を決めてグループディスカッションを
やってみよう

図鑑参照 p90-91

①議題を決めよう

議題：

例) 商店街の再開発に賛成か、反対か

②自分の意見をまとめておこう

賛成 ／ 反対

理由：

> ディスカッションが始まる前に、賛成か反対か立場を明らかにし、理由をまとめておくことが大切だね。

③時間配分と役割を決めよう

司会進行：＿＿＿＿＿＿＿

書記：＿＿＿＿＿＿＿

タイムキーパー：＿＿＿＿＿

> 制限時間のなかで、あらかじめ時間配分を決めておき、みんなで共有しておいたほうが有意義に時間を使えるね。

時間配分

（　）分　　　　　　例) 5分　議題の確認、時間配分の確認
（　）分　　　　　　　　15分　意見を広げる
（　）分　　　　　　　　10分　結論・まとめ

④意見を出し合おう

発言するときは、下記のポイントに気をつけてみよう。

意見をいうとき

「私は〜と考えています。理由は〜だからです」

> 自分がどうしてそう思うのか、根拠を示すことが大切だね。

質問をするとき

「〜さんに質問します」

> まず、質問だということを明確に伝えよう。質問の意図が伝わるように、自分の意見も添えることも大事だよ。

意見に賛同するとき

「〜さんがいったように、私も〜だと思います。なぜなら、〜」

> はじめに意見に賛同するということを伝えよう。その後、自分の意見も付け加えよう。

違う意見をいうとき

「〜さんの考えもなるほどなと思いました。しかし、私は〜なので〜と思っています」

> 違う意見でも、否定しないで受け入れることが大切。そのうえで自分がどのように考えているか発言しよう。

⑤ほかの人の意見を書き留めよう

自分とは異なる意見やディスカッションのなかで気づいたこと、考えの変化を書き留めておく。

---

⑥ディスカッションをまとめよう

ディスカッションを経て気づいたことや自分の考え方の変化などを最後に発表する。

 例
「はじめは〜と考えていましたが、〜という意見を聞いて、今は〜ということもあるかと思っています」

 例
「私は、やはりはじめの意見と同じように、〜と考えています。しかし、みなさんの意見を聞いて、〜についてはさらに調べてみる必要があると思いました」

> ほかの人の意見を聞いてみると、ディスカッションを始める前よりも自分の考えが深まることがある。どのような気づきがあったかを言葉にして伝えられるといいね。

第3章 ④ グループディスカッションを行う

コラム③ 探究で生成AIを活用するには

人間が入力した指示をもとにAI（人工知能）が文章や画像を作成する「生成AI」が急速に普及しつつあります。ChatGPT（OpenAI社）やBing Chat（Microsoft社）など、企業が提供している生成AIサービスの名前を聞いたことがある人も多いのではないでしょうか*。

探究のなかでも、生成AIをうまく活用すれば、情報の収集やレポート作成などを助ける心強い味方になってくれるかもしれません。あるいは、生成AIの機能そのものについて探究することも考えられます。たとえば、ある地域の観光客を増加させる目的で、写真から俳句を生成する機能を使用し、観光客が旅先で撮った写真をもとに俳句が生成され楽しめるというアプリを開発するというのはどうでしょうか。生成AIを活用することで、それまでになかったユニークな課題の解決方法を見出すことができそうです。

しかし、生成AIを使う際には必ず注意しなければならない点があります。

一つは、「生成AIは間違った回答をすることがある」ということです。生成AIは、一見人間と同じように思考をしているように見えるかもしれませんが、そうではありません。膨大な量の文章などを学習して「統計的にそれらしい答え」をつくり出すというしくみで回答を生み出しています。そのため、ときには事実とまったく異なる答えが返ってくる場合があります。生成AIに質問したとしても、その回答が正しいかどうかを常にあなた自身が考え、判断する必要があります。

もう一つは、生成AIは誰かがつくった著作物をもとに回答を生み出している可能性があるということです。生成AIが生み出した文章をそのままレポートなどに使用することは、回答のもととなる著作物をつくった人の著作権を侵害するおそれがあるため、避けなければいけません。

2023年に文部科学省から「初等中等教育段階における生成AIの利用に関する暫定的なガイドライン」が発表され、そのなかで「各学校で生成AIを利用する際のチェックリスト」が示されました。本書ではこれを参考にして、探究で生成AIを活用する時に気をつけなければならないことをチェックリスト形式でまとめました。生成AIの活用に興味がある人は、自分の使い方の参考にしてみてください。

■ 探究で生成AIを活用するためのチェックリスト

- ☑ 生成AIサービスの利用規約を守る
- ☑ 生成AIの性質やメリット・デメリット、情報の真偽を確かめるような使い方を理解する
- ☑ 個人情報、機密情報など、プライバシーに関わる情報は生成AIに入力しない
- ☑ 著作権の侵害につながらないような使い方について十分に理解する
- ☑ 生成AIでつくった文章はそのままレポートなどに使用せず、最後は自分で考え判断する
- ☑ AIを利用してつくった文章や画像を引用する場合は、そのことを明示する
- ☑ 特にコンクールに応募する場合は応募要項などをよく読み、認められている範囲を超えて使用しない

＊ ChatGPT、Bing Chatは18歳未満の場合保護者の同意が必要。特にChatGPTは13歳未満は使用不可。

第4章

まとめ・表現

1. 課題解決策を実践する 78
2. レポートを書く 82
3. 論文を書く 86
4. 発表資料を作成する 90
5. 発表を行う 94
6. 取り組みを振り返る 98
7. 次の課題を設定する 102

コラム④ 探究と進路 106

第4章 1 課題解決策を実践する

先輩からのアドバイス

いろいろな資料を集めて分析したり、整理したりするなかで、課題は設定できましたか？ 課題が明確になったら、今度はその課題をどのように解決していくか解決策を考えていきます。過去に行われた実践例などに当たってみると、アイデアが深まるかもしれません。

ステップ1 課題解決策にはどんなものがあるかを知ろう

図鑑参照 p94-95

課題解決策で実践できそうな方法を考えてみよう。

①情報発信する
SNSでの発信・ポスター、パンフレット、新聞、冊子を作成する など

②参加する
出店する・ボランティアに参加する・福祉施設で活動する・イベントに参加する など

③つくる
看板をつくる・マップをつくる など

④商品開発をする
地元の特産物を使ったオリジナル商品を開発する・農産物を栽培し、収穫したもので商品を開発する・イベントPRのための商品を開発する など

⑤イベントを開く
ワークショップを開催する・交流イベントを開催する・観光ツアーを開催する など

レポートや論文にまとめてクラスで発表することが表現だと思っていた。それ以外にも、いろんな実践の仕方があるんだね。

情報発信は自分たちの力でできそうだな。商品をつくったり、イベントを開催したりする場合は、いろいろな人の協力が必要になるな。

> ステップ2　課題解決策を考えよう

さまざまな方法でヒントを集めて、具体的な解決策につなげよう。

課題例1　地域の特産品の知名度を向上させるには？

課題解決のヒントの集め方

- 昔ながらの調理方法について、祖父母や地元のお年寄りに聞き取りをする。
- 家庭科の先生や地元の飲食店に試食をお願いし、アドバイスをもらう。
- 地元の弁当店にお願いし、実際に弁当をつくってもらう。
- 駅の土産店に販売をさせてもらう交渉をする。

解決策につながる実践

- 特産品を使ったお弁当を考案する。
- 地元の弁当店と協働して弁当をつくる。
- 駅の土産店で販売する。

実践するためにできることを考えてみんなで意見を出し合ってみよう。

➡ **解決策**　**地域の特産品を使ったお弁当をつくり、駅の土産店で販売する**

課題例2　高齢者にとって住みやすい町にするには？

課題解決のヒントの集め方

- 現状のルートや予算を情報収集する。
- フィールドワークと高齢者への聞き取りを行い、課題を明らかにする。
- 市役所へのアポイントを取り、現場の意見を聞く。
- 議会で提案してもらえるよう正式な企画書を作成する。

解決策につながる実践

- コミュニティバスの新ルート案を作成する。
- 市役所への聞き取りをもとに実現可能性を高める。
- 市議会議員にアポイントを取り、市議会で提案してもらえるよう対話を行う。

具体的な解決策を提示してみたらいいね。

➡ **解決策**　**コミュニティバスの新しいルートを市に提案し、交通の不便さを改善する**

実際に取り組んでみよう

ワーク1　自分の課題の解決策につながる実践を挙げてみよう

課題は…　[　　　　　　　　　　　　　　　　　　　　]

(例) 地域の特産品の知名度を向上させるには？

課題解決のために実践できることを書き出してみよう。

[　　　　　　　　　　　　　　　　　　　　]

> 聞き取り調査をしたり、アドバイスをもらうなど、周りの人の意見を聞いてみることでヒントが得られるかもしれないよ。

(例) 特産品を使ったお弁当を考案する。
(例) 地元の弁当店と協働して弁当をつくる。
(例) 駅の土産店で販売する。

ワーク2　具体的な解決策を考えてみよう

ワーク1で挙げたことをまとめて、具体的に実行に移す課題解決策を設定しよう。

[　　　　　　　　　　　　　　　　　　　　]

(例) 地域の特産品を使ったお弁当をつくり、駅の土産店で販売する。

> 解決策は自分たちが実行できるものだけを考えなくてもいいんだ。実行に移すことができない解決策は、たとえば町内会長や市長に聞いてもらうという方法をとってみよう。

さらに探究を深めよう

発展 解決策を多くの人に知ってもらうために、どうしたらよいかを考えよう

解決策をどのように発信していけばよいか、実践方法を検証してみましょう。

① SNSで発信すればすぐ広まるか？ SNSを活用した発信方法を考えてみよう。

- 例 地域の民話を読み聞かせ動画にまとめて、動画配信サイトで配信する
- 例 郷土料理をレシピにまとめて、レシピサイトに投稿する
- 例 外国人観光客のために、地域の魅力的な写真や動画を観光案内として外国語とともに配信する

② SNS以外の発信方法には何があるだろう？ SNS以外の発信方法も考えてみよう。

- 例 交流イベント開催の告知を地域の広報誌に掲載してもらう
- 例 駅構内にバリアフリー対策の案をポスターにまとめて掲示させてもらう
- 例 ジェンダー意識の調査をレポートや論文の形にまとめて発表する
- 例 海洋プラスチックごみを減らすために地域住民の意識向上を目的としたパンフレットをつくり、配布する

動画をつくってみるのは面白そうだしやってみたいな。映像だと文章や写真よりも伝わることが多いと思う。

SNSだと限られた年齢層にしか届かないかもしれないな。SNSとSNS以外の発信方法、両方をうまく組み合わせていけるといいな。

第4章　1　課題解決策を実践する

第4章 2 レポートを書く

先輩からのアドバイス

作文や感想文は書いたことがあると思いますが、レポートはそれとはまったく異なります。自分の思い込みで文章をまとめるのではなく、読んでもらう人を説得できるような根拠を十分に盛り込みましょう。そのためには、レポートの構成をしっかりと理解してつくり上げるのが大切です。

ステップ1　レポートとは何かを知ろう

図鑑参照 p96-97

レポートとは、自分が設定した問いの答えを導き出すために、さまざまな調査をし、その結果をまとめたもの。レポートは序論、本論、結論の3部構成になっているものが多い。

序論（問題提起） 全体の割合 **20%**

テーマから絞り込んだ自分なりの問いを書く。ここで先に自分の意見を書いておくとわかりやすい。

 ヒント！

全体の割合は目安として示した。根拠を詳しく示す必要がある場合、本論が全体の80%程度を占める場合もある。

本論（根拠の提示） 全体の割合 **60%**

問いの答えに対する客観的な根拠を述べていく。
調査を行った場合には、調査の内容を書く。
先行研究を調べた場合には、どんなことが書かれていたのか、賛成意見も反対意見も両方取り上げる形でまとめる。

結論（まとめ） 全体の割合 **20%**

調べた結果わかったこと、考えたことを簡潔にまとめる。このレポートを通して学んだことや、今後の展望についても書く。

作文や感想文とは違う。自分の思い込みで結論を導いてはいけないんだ。自分以外の誰かに向けて作成するものだということを念頭に置いておこう。

自分と同じ意見の人だけが読むわけではないから、反対意見も想定しながらまとめるのが大切だね。予想される反対意見に対する反論を根拠に入れておくとレポートの説得力が増すと思う。

> **ステップ2** 文章の書き方を知ろう

文章は階層構造で成り立っている。次の図のように、大きな順から章→節→段落→文となる。

ヒント!
節は必ず2つ以上入れること。
短いレポートで一つしか入らない場合は、節は入れずに、章→段落となる。

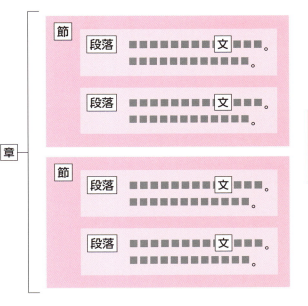

レポートの構成が決まったら、章立て（アウトライン）を考えてみよう。章と節の内容までは事前に決めておき、目次を作成しておくとよい。

例
- 1章　はじめに：○○市のごみ収集の有料化で起きる問題
- 2章　○○市および周辺の市のごみ収集の現状
  - 1節　○○市の現状
  - 2節　周辺の市の現状
- 3章　市民250人を対象にしたアンケート調査
- 4章　まとめ：ごみ収集を有料化せずに継続するためには

> 書く順番については最初から決める必要はない。書きやすいところから書いてみよう。書き進めていくなかで、変更する必要があれば、変更しながらつくり上げよう。

書き方の基本チェックリスト

- ☑ 話し言葉ではなく書き言葉で書く。
- ☑ 「だ・である調」で書く。
- ☑ 長すぎる文章は読みにくいため、短くまとめる。
- ☑ 主語と述語の対応がはっきりわかるように書く。
- ☑ 引用した文章と自分の文章の区別がわかるようにする。

> 実際に書き進めていくなかでは、次のようなことに気をつけて書くよ。

第4章 2 レポートを書く

実際に取り組んでみよう

ワーク1　レポートの構成を考えてみよう（序論）

ポイント!
- これから何を論ずるか、はっきりさせているか。
- YES/NOで答えられるような仮説を立てているか。
- 自分の立場（賛成か反対か）を明確にしているか。
- なぜこのテーマにしたか動機は示しているか。

テーマはあいまいにしないことが大事だね。たとえば、「粗大ごみ収集の有料化について」とテーマを設定するよりも、「○○市の粗大ごみ収集を有料化せずに継続するには」としたほうが、より具体的になるよ。

ワーク2　レポートの構成を考えてみよう（本論）

ポイント!
- 問題の背景を明らかにしているか。
- 聞き手に知識がない場合も想定し、わかりやすく伝える工夫はしているか。
- 結論を確かにするための根拠が示せているか。
- 根拠は客観的なものであるか。
- 考えうる反論への反論は示しているか。

たとえば、粗大ごみ収集の有料化について論じるとき、各自治体で制度が違うことがある。だから、はじめに基本的な知識は説明しておくべきなんだ。あとは、根拠となるデータを示すときはグラフにするとわかりやすいんじゃないかな。

ワーク3　レポートの構成を考えてみよう（結論）

ポイント!
- 結論が簡潔に述べられているか。
- レポートをまとめるうえで気づいたことが述べられているか。
- 発見した新たな課題も述べられているか。

気づいたことや次回の課題を入れていこう。たとえば、「データを分析した結果、現在より20％粗大ごみを削減することができれば、無料のまま継続できることがわかった」「各家庭で粗大ごみの量を減らしてもらうための啓発方法を考えたい」といったことを盛り込んでいこう。

さらに探究を深めよう

発展 レポートをレイアウトしよう　　　図鑑参照 ▶ p99

Word（Microsoft社）などのワープロソフトを使って、実際にレポートをレイアウトしてみましょう。

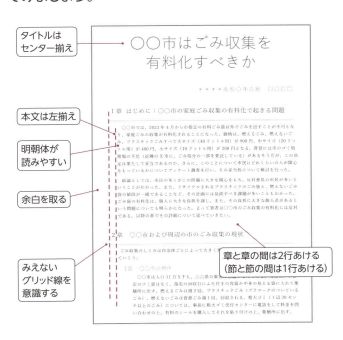

わかりやすいレイアウトのチェックリスト

- ☑ タイトルはセンター揃えにしているか。
- ☑ 本文は左揃えになっているか。
- ☑ 行間は狭すぎではないか。最低でも0.5文字分とっているか。
- ☑ 見出しはゴシック体、本文は明朝体にしているか。
- ☑ 個性的ではなく、読みやすいフォントを選んでいるか。
- ☑ 章と章の間は2行あけているか。
- ☑ 節と節の間は1行あけているか。

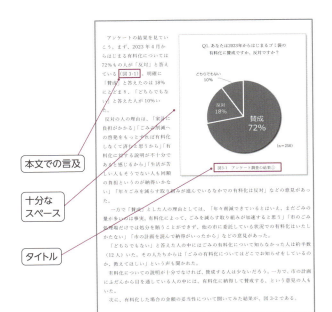

図表をレイアウトするときのチェックリスト

- ☑ 図、表と本文の間に十分なスペースはあるか。
- ☑ 図表にタイトルはつけているか。
- ☑ 図は図、表は表で分け、それぞれ通し番号をつけているか。
- ☑ どこかから引用している場合は、出典先を書いているか。
- ☑ 示した図表は、本文のなかで言及しているか。

第4章 3 論文を書く

先輩からのアドバイス

論文はあらかじめ決まった形式のなかで、自分の主張を展開していく文章です。構造やルールなど基本的な知識をおさえ、実際に書き進めていきましょう。論文は英語で書けると、よりたくさんの人に読んでもらえます。英作文のポイントを理解し、チャレンジできたらいいですね。

ステップ1 論文の形式とは何かを知ろう

論文とは自ら提起した問題に対し、独自の仮説を立て、それを論証していく文章のこと。論文の形式に沿って、まずはアウトラインをつくってみよう。

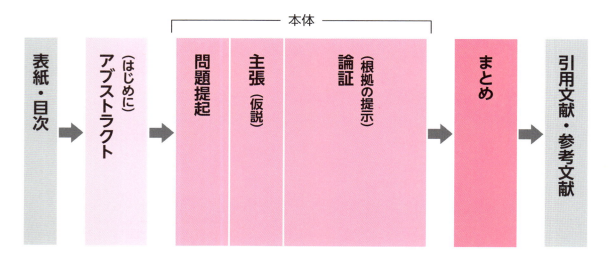

表紙・目次
表紙にはタイトル、学校名、名前を書く。そのほか指定がある場合には従う。

アブストラクト
アブストラクトとは、論文の要旨。論文のテーマ、目的、研究方法、結論を短くまとめる。これを論文の「はじめに」としてもよい。

本体
問題提起、主張（仮説）、論証が論文の本体部分といえる。問題を提起し、独自の主張（仮説）を述べ、客観的に証明するためにさまざまな根拠を提示していく（これを論証という）。

まとめ
論証部分で展開した論点をまとめつつ、主張を繰り返す。また、問題に対する独自の提案や今後の課題、論文を通して学んだことを述べる。

引用文献・参考文献
論文を書くに当たって引用した資料はもちろん、引用はしていないけれども参考にした資料はすべて明記する（➡『図鑑』p100-101）。

形式を守らないと、自分では論じているつもりでも「論文」とは呼べません。

ステップ2　文献を引用するときの決まりを知っておこう

文章の一部を論文にそのまま掲載するときは、必ず出典を明示しなければいけない。

■ 短い文を引用する場合

> 例：内閣府（2021）によると、「令和2（2020）年度における専攻分野計での大学（学部），大学院（修士課程）及び大学院（博士課程）における女子学生の割合は，それぞれ45.5％，31.8％，34.0％」である。

ヒント！
著者名と出版年は記載し、詳細は参考文献で記載すること。

引用した文章と自分が書いた文章の区別がはっきりするように、短い引用文は「　」でくくる。長い文の引用は、本文との間に1行スペースをあけ、本文よりも2文字分下げて掲載するんだ。

引用文での文字表記は勝手に変えてはいけない。たとえば、「45.5％」という表記を「45.5パーセント」とカタカナ表記にしてはいけないんだね。

引用文をたくさん用いることで、自分の文章が少なくなってしまうことにも気をつけよう。論文全体の割合は、自分の文章が多くなければいけないよ。

■ 長い文を引用する場合

> 内閣府（2021）によると、学校種類別における男女の進学率は次のとおりである。
>
> 　令和2（2020）年度の学校種類別の男女の進学率を見ると，高等学校等への進学率は，女子95.7％，男子95.3％と，高い水準にあるが，ここ数年間は男女ともわずかながら低下している（中略）。大学（学部）への進学率は，女子50.9％，男子57.7％と男子の方が6.8％ポイント高いが，女子は全体の7.6％が短期大学（本科）へ進学しており，これを合わせると，女子の大学等進学率は58.6％となる。

ヒント！
途中の文章を省略する場合は、（中略）と入れること。

実際に取り組んでみよう

ワーク1　論文の形式に沿って章立てをつくってみよう

図鑑参照
p103

タイトル「　　　　　」
（章立て）

例）『制服の選択の自由化はジェンダー問題の解決につながるか』
第1章　はじめに
第2章　制服をめぐる現状
第3章　高校生へのアンケート調査とその考察
第4章　高校生への聞き取りとその考察
第5章　ジェンダー研究の専門家への聞き取りとその考察
第6章　まとめ

> 第1章を「はじめに」、第2章～第5章を「本体」、第6章を「まとめ」にしてみよう。

ワーク2　章立てを肉付けして「節」を立てよう

第　章「　　　　　」
（節）

例）第2章　制服をめぐる現状
　　第1節　全国的な制服における議論
　　第2節　自校における制服の選択の自由化の流れ
（自校では3年前にズボン、スカートの2種類からの制服選択が完全に自由になったということ、そこに至るまでの背景を紹介）
　　第3節　自校において選択されている制服の実態

> 章を立てたら、より内容の詳細がわかるように節を立ててみよう。

ワーク3　検討してみよう

ポイント！　一度、章立てを分けたら、付け足すことはないか、不要な部分がないか検討する。

> 第2章第1節では日本のことだけでなく、海外の制服事情を取り上げてもいいかもしれないな……。

> 探究ノートを見返したら、海外の制服についてまとめたデータがあった。ほかの国との比較という観点から内容を追加しよう！

さらに探究を深めよう

発展 論文の要旨を英語で書こう　　図鑑参照▶p104-105

探究の成果を英語で書いて公開すれば、より多くの人に読んでもらうことができます。英作文のコツをおさえて、英語でアブストラクトを書いてみましょう。

①文章の構成を考える（日本語でもOK）

序論…自分の主張　**例** タンキュー高校の行事のなかで最も重要な行事は文化祭である。

本論…主張の根拠　**例** （根拠1）ほかの行事に比べ、準備期間が長い。
　　　　　　　　　　　（根拠2）多くの人に対してタンキュー高校のことをアピールすることができる。

結論…まとめ　**例** タンキュー高校にとって、文化祭はなくてはならない行事である。

②各パラグラフのトピック・センテンス（中心となる一文）を書く

序論 In TanKyu High School, the most important event is the Cultural Festival.
（タンキュー高校で最も重要な行事は文化祭である。）

本論（根拠1） First, the Cultural Festival takes the longest preparation period of any school events.
（まず、文化祭は校内の行事のなかで最も長い準備期間をかけて行われる。）

本論（根拠2） Second, the Cultural Festival provides an opportunity for Tankyu High School to appeal to a large number of people.
（次に、文化祭は多くの人にタンキュー高校のことをアピールするきっかけとなっている。）

結論 The cultural festival is an indispensable event for Tankyu High School.
（文化祭はタンキュー高校にとってなくてはならない行事である。）

ヒント！ 読む人に伝わるように書くことが大切なので、無理に難しい単語や構文を使う必要はない（英文を書くときの注意は『図鑑』p105参照）。

各パラグラフのトピック・センテンスを並べるだけで大体の内容がわかるように構成すると、わかりやすい文章が書くことができるよ。

③トピック・センテンスを肉付けし、各パラグラフを完成させる

例 Japanese high schools have a variety of events during the year. Especially in TanKyu High School, the most important event is the Cultural Festival.
（日本の高校には一年を通してさまざまな行事がある。特に…）

ヒント！ トピック・センテンスを肉付けするため、一般的な事柄について述べるサポート・センテンスを加える。

第4章 3 論文を書く

第4章 4 発表資料を作成する

先輩からのアドバイス

探究の成果をまわりの人たちに発表してみましょう。発表の仕方にはさまざまなものがありますが、スライドを使ったプレゼンテーションやポスター発表が一般的です。図や写真を効果的に使って、わかりやすく伝えることを目標に準備してみてください。

ステップ1　発表の種類を知り、適したものを選ぼう

図鑑参照　p106-109

それぞれの特徴を知って、発表の仕方を考えてみよう。

| スライド発表 | ポスター発表 | 映像 | 黒板・ホワイトボード | オンライン発表 |

たくさんの人に向けて発表するから、スライド発表にしようかな。図やグラフも見てもらいたいから、スクリーンかモニターに映しながら説明するのが適しているかも。

少人数を対象にしたポスター発表を選ぼう。発表の内容を1枚のポスターにまとまるようにしなければいけないな。1対1でやりとりができるから、質問や意見交換が有意義にできそうだ。

ヒント! スライドやポスターをオンライン上で公開すると、さまざまな地域の人に発表を聞いてもらえる。

ステップ2　発表の準備をしよう

以下のチェックリストに沿って、おおまかにイメージをしてみよう。

チェックリスト

- ☑ 場所は？
- ☑ 時間は？
- ☑ 対象者は？
- ☑ 資料は配布するか？
- ☑ 使用できる機器は？
- ☑ 想定される質問は？

発表を聞いてくれる相手を意識するとイメージが膨らむよ。機材を使用するときは、事前に使用できるかを確認しておこう。

ステップ3　発表資料を作成しよう

■ ポスターの作成

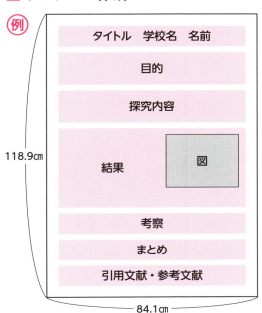

視覚的なコントラストをつける
ポスターでは一目みて大切な部分がわかることが必要である。

項目のまとまりを意識する
項目がいくつあるか一目でわかるようにすることが必要である。

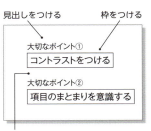

図解や箇条書きを活用する
長い文章よりも、図解のほうが伝わりやすい。

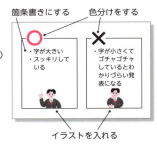

1枚のポスターに入れられる情報は意外と多くないんだ。はじめに小さなサイズの紙（A5サイズ）にレイアウトの計画を書いて、情報を絞り込んでおくといいね。

■ スライドの作成

ヒント!
時間内に発表が終わるようにスライドの内容をまとめておく。つくりはじめるまえに構成をよく練っておくことが大事。

第4章　4　発表資料を作成する

実際に取り組んでみよう

ワーク1　ポスター発表の資料をつくってみよう

図鑑参照 p108-109

タイトル　学校名　名前

目的

探究内容

結果

考察

まとめ

引用文献・参考文献

レイアウトをするときは、読む人の上から下へ流れる視線を意識することが大事だよ。口頭発表の流れと視線が一致するレイアウトを心がけよう。

文章よりも図解で示したほうがわかりやすいけれど、図表をたくさん入れすぎるとかえってわかりづらくなる場合もある。効果的に使用できるようにポイントを絞ろう。

チェックリスト

- ☑ 文字を大きくしたり、色を変えるなどして視覚的なコントラストをつけているか?
- ☑ 項目がいくつあるか一目でわかるような工夫はされているか?
- ☑ 長い文章ではなく、図解や箇条書きを活用しているか

ワーク2　スライド発表の資料をつくってみよう

下の構成を参考に、各項目の空欄に入れる内容を考えてみよう。

表紙	
本文	
・動機	
・背景1	
・背景2	
・課題解決案	
・課題解決の実践	
・成果と課題	
まとめ	
引用文献・参考文献	

第4章　4　発表資料を作成する

つくりはじめる前にしっかり構成を考えておくと、効率的な作業ができるよ。

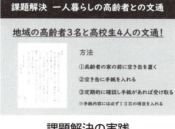
課題解決案

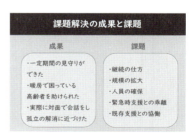
課題解決の実践　　　　成果と課題

効果的な色使いを考えてみよう。ここでは、大切なところはピンポイントで色を使っているよ。

文字だけではなくて、図を入れると効果的だね。

長い文章はやめて、箇条書きにしてみよう。見ている人も読みやすくなるよ。

第4章 5 発表を行う

先輩からのアドバイス

発表は、自分の探究を多くの人に知ってもらえる貴重な機会です。話す練習をしたり、話す内容を事前に整理したりして、できるだけわかりやすい発表ができるようにしましょう。人の前で話をするのは誰でも緊張しますが、しっかり準備をすればきっと大丈夫です！

ステップ1 聞き手への伝え方をおさえよう

発表は相手に伝わるように話し方を工夫しよう。次のポイントをおさえておこう。

声の高さ	興味をもって聞いてもらえるように、意識的に抑揚をつけてみよう。
声の大きさ	後ろにいる人にも聞こえるように、大きな声で話そう。
スピード	聞き手が内容を理解できるくらいのスピードを心がけよう。緊張して早口にならないようにすること。
間	大切な言葉や内容を話す前に、1〜2秒程度「間」を開けることで、聞き手の注意や関心をひきつけよう。
アイコンタクト	聞き手の反応を見ながら話そう。
身振り、手振り	強調して説明したいことは、身振り手振りを自然に取り入れながら話そう。

ヒント！
声の大きさや原稿を読むスピードに気をつけながら、話すように心がけよう。

事前にリハーサルをしてみることが大事だよ。時間配分をあらかじめ考えておき、本番のことをイメージしながら、やってみよう。

目線のやり場に困るときは、「Z」や「の」の字を書くように視線を動かすといいよ。

チェックリスト

こんな話し方はしていないかな？
- ☑ 姿勢が悪い
- ☑ ボソボソと話し、聞こえない。
- ☑ 原稿の棒読みになっている。
- ☑ 聞き手と目線を合わせない。

ステップ2　話すことを整理しよう

 p107

発表の前に構成をつくっておくと、話を進めやすい。

①導入	あいさつ→動機の説明→基礎知識の説明→課題解決案の提示の順に話していく。
↓	
②課題解決の説明	実際にどのようなことを実践したのか、実践の内容、方法について説明する。
↓	
③まとめ	成果、今後の課題→実践予定→あいさつ→質疑

どうして課題に取り組んだのか、動機ははじめに話しておこう。

聞き手はテーマに興味がある人ばかりではない。発表の内容をよく知ってもらうためにも、基礎知識の説明は大切だよ。

 独自の主張を客観的な根拠にもとづいて論証していくような、研究的な探究の発表の場合には、「導入→根拠の説明→まとめ」という構成をとる。

ステップ3　傾聴の姿勢を身につけよう

 p111

発表の場は、発表者と聞き手が一緒に作り上げる姿勢が大切。発表を聞いているということが伝わるように、次のことを意識してみよう。

- うなずきながら聞く
- アイコンタクトをとる
- メモを取りながら聞く

発表が終わったら、質疑応答の時間が設けられている。質疑応答を有意義な時間にできるように、しっかりメモをとりながら聞くといいね。

メモをとるポイント

- ☑ 発表者の主張
- ☑ 発表でよかった点
- ☑ 自分が興味をもった点
- ☑ わからなかった点（課題の背景や根拠が提示されていない、言葉の意味がわからないなど）
- ☑ 自分と同じ考えだと思った点
- ☑ 自分と異なる考えだと思った点

 傾聴とは「相手のいうことに耳を傾けて、熱心に聞く」という意味。

実際に取り組んでみよう

ワーク1　口頭発表の【導入】部分を準備しよう

順番に沿って、口頭発表の原稿をつくってみよう。

あいさつ

例）「2年3組の田中コウタです。発表をはじめます」

動機の説明

例）「私は県外で一人暮らしをしている祖母の具合が悪くなったときに、すぐ駆けつけることができなかったことがきっかけで、一人暮らしの高齢者が安心して生活できる環境を整えたいと考えました」

基礎知識の説明

例）「内閣府の調査では2015年の時点で高齢者人口に占める一人暮らしの高齢者の割合は男性13.3％、女性21.1％です」

ワーク2　口頭発表の【課題解決の説明】部分を準備しよう

例）「課題解決の方法として、私はSNSを使った高齢者の見守りを検討することにしました。まず、地域の高齢者の方3人の協力を得て、SNSアプリを入れてもらいました……」

どのようなことを実践したのか、実践の内容や方法を説明する文章をつくってみよう。

課題解決の方法が複数ある場合は、「方法は3つあり」など、先に数を伝えておくと、聞き手も理解がしやすくなるよ。

| ワーク3 | 口頭発表の【まとめ】部分の準備をしよう |

成果、今後の課題

　

例)「成果としては、一定期間の見守りができ、暖房のことで困っている高齢者を助けることができました。一方で、継続の方法には……」

実践予定

　

例)「今後は、今回の探究の成果を自治体の担当者へ発表する機会を設け、意見交換をしたいと思います」

あいさつと質疑応答

　

例)「ご清聴ありがとうございました。ご質問やご意見をお願いします」

| ワーク4 | 質問への答えを用意しておこう | 図鑑参照 p111 |

質疑応答の時間で慌ててしまうことは多い。あらかじめ質問を予想し、それに対する答えを用意しておくとよい。

質問	→	答え
質問	→	答え
質問	→	答え

第4章　5　発表を行う

第4章 6 取り組みを振り返る

先輩からのアドバイス
振り返りの時間はとても大切です。探究のプロセスのなかで、自分がどんな力を身につけることができたのか、客観的に認識することができますよ。グループになって意見を出し合うと、自分では気づかなかった視点に気づくことがあり、理解も深まります。

ステップ1　振り返りをしよう

図鑑参照 p112-115

探究学習では、生まれた課題を次のテーマとして続けていく探究のスパイラルへ入っていくことが大事。

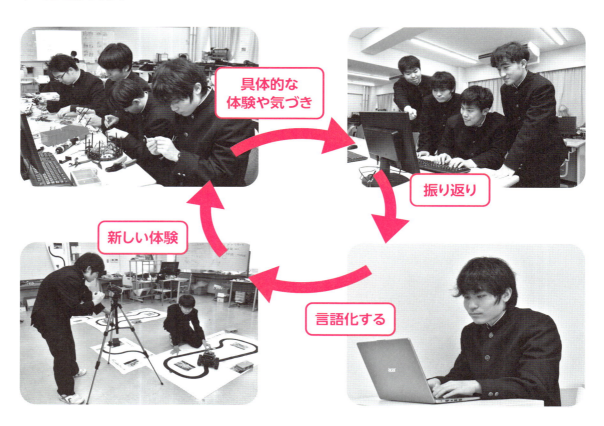

ヒント！
体験学習のサイクルはアメリカの教育者デイビット・コルブが提唱した。体験と振り返りが終わることなく続いていくことを表している。

体験のあとには、必ず振り返りを行うんだね。振り返りをすることで、新しい体験へつなげていこう。

ステップ2　振り返りの進め方をおさえよう

振り返りは、探究を進めるなかで自分がどのような力を身につけることができたのかを知るために行う。

1. 「思い出し」の作業をする。
   ↓
2. 「気づき」を振り返る。
   ↓
3. 言語化する。
   ↓
4. 新たな課題を設定する。

テストなど先生主体で行われる評価ではなく、自分が自分を評価する、または友だち同士で相互評価するというのが探究では大切にされる。

評価の基準も自分たちで設定していいんだ。「量」よりも「質」的な基準を大切にしたほうがいいね。

× 「いくつ達成できたか」より、　○ 「どういうプロセスで取り組んだか」

× 「できたか、できないか」より、　○ 「達成のためにどのような取り組みを行ったか」

ステップ3　「思い出し」の作業をしてみよう

これまでの活動を段階ごとに思い出しながら、グループで意見を出し合ってみよう。

写真で振り返る　　**資料やメモで振り返る**　　**エピソードで振り返る**

活動の過程をおさえた写真を時系列でスライドショーで見るのはどうかな。思い出したエピソードを語り合おう。

活動で集めた資料を時系列に並べ替えてみる。それを見ながら、どんなことがあったか、グループで振り返ってみよう。

グループになり、一人ずつ印象に残っているエピソードを出し合って、自由に感想をいい合いながら、振り返ってみよう。

実際に取り組んでみよう

> **ワーク** 各プロセスの活動の「思い出し」をしてみよう

①課題の設定

| 活動 | 印象に残ったこと |

②情報の収集

| 活動 | 印象に残ったこと |

③情報の整理・分析

| 活動 | 印象に残ったこと |

④まとめ・表現

| 活動 | 印象に残ったこと |

さらに探究を深めよう

発展 コンクールにチャレンジしてみよう

自分自身での振り返りや、クラスメイトとの振り返りをするだけではなく、インターネット上で取り組みを公表したり、コンクールに応募したりすることにも挑戦してみましょう。知らない人に発表を見てもらうことは、勇気がいることですが、貴重な体験となるでしょう。

主なコンクールの一覧

（探究全般）
「全国探究コンテスト」（ベネッセ）
https://www.benesse.co.jp/tankyu/event/contest2023/index.html

（実践型探究）
「全国高校生マイプロジェクトアワード」
https://myprojects.jp

（理系）
「科学の甲子園」（国立研究開発法人　科学技術振興機構）
https://koushien.jst.go.jp/koushien/

（英語で表現）
「Change Maker Awards（中高生のための英語プレゼンコンテスト）」
（英語4技能・探究学習推進協会）
https://esibla.or.jp/change-maker-awards/

 これまで入賞した生徒の実践を知ることができるよ！

学校以外の人に見てもらうのは緊張する。でも、多くの人に見てもらえるよい機会にしたいな。

URLにアクセスして、コンクールについて興味をもったことをメモしておこう。

第4章 7 次の課題を設定する

先輩からのアドバイス
探究の振り返りをしたら、そこで終わりにしてしまうのではなく、次の課題をみつけ出し、また新しい課題につなげていきましょう。探究の成果をコンクールに応募しましたが、自分の知らない人に伝えるという経験がとても貴重なものになりました。

ステップ1　「気づき」を振り返ってみよう

図鑑参照 p116

それぞれのプロセスで、どのような「気づき」があったのかを振り返ってみる。

課題の設定で ➡ 情報の収集で ➡ 情報の整理・分析で ➡ まとめ・表現で

気づき
自分の住んでいる地域のことを調べるに当たって、インターネットや書籍を調べてもわからないことが多くあることがわかった。インタビューでは、地域に住んでいる人の生の声を聞くことができ、数値化できないような相手の感情や思いに触れることができた。

気づき
表計算ソフトを有効的に使用することができた。クロス集計をすることで、それぞれの階級ごとの特徴をより深く分析できた。それをグラフで視覚化することによって、説得力のあるデータになった。

ステップ2　学びの振り返りをしてみよう

探究の授業を通して得た知識や技能を振り返ってみよう。

■ Yチャートを使って振り返る

初めて挑戦したことは？
原稿執筆、アポイントを取る、インタビュー、企画書作成、イベント開催

できるようになったことは？
大人の人に電話をかけること、イベント開催

新たに得意であると気づいたことは？
企画書の原稿を書くこと

■ 表を使って自己評価する

課題解決力	☆☆☆☆☆
発想力	☆☆☆☆☆
創造力	☆☆☆☆☆
行動力	☆☆☆☆☆
実行力	☆☆☆☆☆
コミュニケーション力	☆☆☆☆☆
批判的思考力	☆☆☆☆☆
協働する力	☆☆☆☆☆

経験をしたことで得られたことを客観視して言語化してみるといいね。

 資質や能力の項目をつくって、それぞれを5段階で振り返って評価するやり方もある。探究前と探究後でどのような変化があったのか、振り返ってみよう。

ステップ3　振り返ったことを言語化してみよう

単なる感想で終わらせてしまわないように、あらかじめ質問を設定しておくとよい。

例

- Q1　はじめは、探究にどんなイメージをもっていましたか？　終わってみて、実際はどうでしたか？　ギャップがあれば、具体的にどんなところか記述してください。
- Q2　探究のそれぞれの段階で、どのようなことを感じましたか？　具体的なエピソードを記述してください。
- Q3　探究のプロセスを通して、学べたことは何ですか？　具体的な体験エピソードとからめて記述してください。
- Q4　探究を通して自分のなかで変化したことは何ですか？　実践する前と、実践したあとで変わったことを記述してください。
- Q5　探究について感じたことや考えたことがあれば、記述してください。

 振り返りを言語化してみると、次の課題が見えてくるんだね！

ステップ4　新たな課題を設定しよう　　図鑑参照 p117

次のテーマになりそうな具体的な課題を設定してみよう。たとえば、「3分間飛ぶペットボトルロケットをつくるには？」という課題だったら…

課題例1　3分間飛ぶペットボトルロケットをつくるには？

結果
約3分間飛ばすことができた。

振り返り
方向がうまく定まらなかった。

次の課題

- まっすぐに飛ばす。
→まっすぐ飛ばすためにはロケットの全長、尾翼の形、大きさを見直す？
- 方向を操作できるようにする。
→操作方向が定められるよう、発射台を改良する？
- ぴったり3分間飛ばせるようにする。
→ぴったり3分間飛ばすためにタンク内の水の量を何パターンか設定し、実験する？

第4章　7　次の課題を設定する

実際に取り組んでみよう

ワーク1　解決できていない課題は何かを洗い出そう

課題	例 地域観光の活性化をはかるには？
結果	例 地域のよさをPRするためにパンフレットをつくった。
振り返り	例 限られた人にしかPRできなかった。

次の課題	例 リピーターを増やすための施策を考える。
具体的な実践方法	例 観光客へさらなる聞き取り調査を行う。

課題を通してうまくいかなかったことはあるか、もっと掘り下げられるか、広げられることがあるかなど、思いつくままに書き出してみよう。

ワーク2　ウェビングで次の探究のイメージを膨らませよう

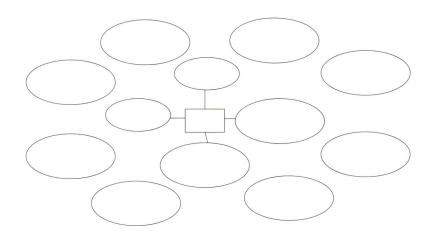

探究学習の最初のほうで使用した思考ツール（本ワーク第1章③）をもう一度使ってみるのも効果的だよ。次の課題に関わるキーワードからどんどんイメージを膨らませていこう。

さらに探究を深めよう

発展 最初に書いたことと、今の気持ちを比べてみよう

本ワークp6に書いた自分の気持ちを読み返してみましょう。「情報の収集」から「まとめ・表現」までの一連の取り組みを終えた今、探究へのイメージは変わりましたか？

①探究に対する認識やイメージで、変化したこと

> 🔖ヒント！
> 普段の授業や、それまで取り組んできた調べ学習と違うところはあったかな？

②探究を通じて気づいた自分の得意なこと、できるようになったこと

> 私は、地域の人へのインタビューを初めてしたことで、人から話を聞いたり、聞いた内容をまとめたりすることが得意なことに気づくことができたよ。

③次に探究をするとしたらやってみたいこと

> 探究を通じて新たに興味をもったことや、今回うまくできずに改善したいと思ったことなどに挑戦してみよう。

第4章 7 次の課題を設定する

コラム④ 探究と進路

　2021年度から大学入試の制度が新しくなり、個別大学試験では「多面的・総合的評価」が導入されました。それに伴い、「探究入試〇〇」や「探究学習評価型入試」のように高校時代に探究したことをプレゼンテーションしたり、その場でどのような探究ができるかを測ったりする入試が増えてきています。また、総合型選抜では、受験者に対して探究などの体験活動での気づきや学びについて質問し、そこから人となりや学びに対する姿勢などを見て取ろうとする大学もみられます。

　こうした変化から、大学や企業が、基礎的な学力を身につけることにとどまらず、それを活用して未知の課題に取り組めるような資質・能力のある人材を求めているという現状を見て取ることができます。探究の成果が将来の進路にプラスの影響を与えるかもしれないと考えれば、探究に対するやる気がむくむくと湧いてくるという人も多いのではないでしょうか。

　一方で、探究はそうした短期的な目標を達成するためだけのものではなく、もっと長期的な目標を見据えた取り組みであることも忘れないでほしいと思います。「総合的な探究の時間」の第1の目標には「自己の在り方生き方と一体的で不可分な課題を自ら発見し、解決していくこと」（文部科学省『高等学校学習指導要領 総合的な探究の時間編』）と書かれています。普段の生活では意識することのないような「自己の在り方生き方」と「一体的で不可分な課題」を発見し、解決していくという目標は、大学入学や就職といった数年先の未来よりもずっと先の、人生全体を貫く壮大な目標であるともいえるでしょう。

　探究はそのプロセスを学ぶことと、取り組んだ内容を深めていくこと、どちらも大切です。探究を通じて、自分の力を伸ばし可能性を広げると同時に、あなた自身が自分のことをもっとよく知り、生きていくなかで大事なことをじっくりと考える機会をもってくれることを願っています。

■「探究型入試」を行っている大学の例

東京大学	AO入試	工学院大学	探究成果活用型選抜
京都大学	特色入試	大阪樟蔭女子大学	探究学習評価型入試
お茶の水女子大学	新フンボルト入試	静岡産業大学	探究プレゼンテーション入試
関西学院大学	探究評価型入学試験	東京都市大学	学際探究入試（理工系）
奈良女子大学	探究力入試「Q」	福井県立大学	総合型選抜（「探究力発掘」）
桜美林大学	探究入試Spiral		

こんなことで困ったら Q&A

探究に取り組んでいると、さまざまな難問にぶつかります。探究の答えは一つではないため、あなた自身が主体的に難問を解決しなければなりません。ここでは、そんなときに問題を解決するためのヒントを紹介しています。困ったときや、疑問に思ったときに参考にしてみてください。

課題の設定

Q 特に興味のある分野が決まっていないのですが、どうしたらよいでしょうか。
参照▶本ワーク第1章②

A まずは、過去にどんなテーマで探究が行われてきたかを知るために、自分の学校の先輩の探究テーマを先生に聞いたり、インターネット上で公開されているコンテストの優秀作品をみたりしてみましょう。「こんなことを探究してもいいんだ！」「こんな切り口があったのか！」といった発見から自分なりに興味のある分野をみつけたり、テーマ設定のヒントを得たりできるはずです。

Q 自分の好きなことについて課題を設定したのですが、クラスに同じ趣味をもつ人が多く、他の人と似たりよったりの課題になってしまいました。
参照▶本ワーク第1章②

A 「自分が調べたいテーマ」と「課題」とを区別することが大切です。課題とは簡単に言い換えると「困りごと」のことなので、「自分の好きなもの」と「自分が困りごとだと感じていること」をかけ合わせてみましょう。たとえば、「ディズニーが好き」という自分の好みと、「よく行く地元の商業施設が閑散としていて、このままだと潰れそう」という困りごとをかけ合わせて、「ディズニーランドの工夫を分析して、地元商業施設の売上アップのための方法を考える」のように課題設定すると、自分独自の視点を取り入れやすくなります。

Q 設定した課題について調べてみたら、すぐに答えに行きついてしまいました。どうすればよいでしょうか。 参照▶本ワーク第1章⑤

A 調べてわかったことから、さらに課題をみつけましょう。たとえば、最初に「〇〇市の人口減少」について調べ、実際に人口が減っていることがわかったとしても、それだけでは何が課題なのかはっきりしません。そこで、「人口が減っていることの何が問題なのか？」と考えるとさらに複数の課題がみつかります。そうしてどんどん課題を挙げていき、自分ごととして本格的に取り組めそうな課題がみつかったら次のプロセスに進みましょう。

Q 仮説を立てても、そこから課題設定にうまく結びつきません。
　参照 本ワーク第1章 4

A 探究の課題設定につながるような仮説を立てるのはとても難しいことなので、最初はむしろ「うまくいかなくて当たり前」かもしれません。一つの仮説にこだわりすぎると行き詰まりやすいため、はじめに立てた仮説の範囲を絞り込んだり（あるいは広げたり）、方向を変えたりしてどんどん新しい仮説を立てていきましょう。そのうちに少しずつ課題設定に結びついていきます。

情報の収集

Q テーマを絞りすぎてしまい、ほしい情報が書かれた文献がみつかりません。
　参照 本ワーク第2章 3 、 4

A 調べたいテーマと似ているものや共通点のあるものについて書かれた文献を探してみましょう。たとえば、市に生息している特定の昆虫の生態について調べる場合、その昆虫について書かれた文献がみつからなくても、同じ科、同じ属に分類される別の昆虫について詳しく書かれた文献はみつかるかもしれません。共通性のある部分はその文献によって調べて前提となる知識を身につけておくことで、専門家に尋ねるなど別の方法で調査をするときにより深い情報を得ることができます。

Q 検索がうまくできず、ほしい情報に行きつきません。コツはありますか。
　参照 本ワーク第2章 4

A 検索のコツは、調べたい言葉と相性のいいキーワードを探すことです。たとえば「ファストフード」と1語だけ入れて検索すると、飲食店のサイトばかり出てきますが、「ファストフード　問題点」のように組み合わせると、ファストフードのさまざまな問題点について知ることができます。さらに調べ続けて「食品ロス」という言葉がよく使われていることに気づいたら「ファストフード　食品ロス」と検索することで、より的を絞って情報を探すことができます。

Q フィールドワークをしたほうがよいと先生に言われていますが、自分の課題をうまくフィールドワークにつなげられず困っています。
　参照 本ワーク第2章 5

A フィールドワークが難しい場合は、実験や体験活動（職業体験や物づくりなど）をしてみるのはどうでしょうか。たとえば「睡眠」をテーマにしている人は、フィールドワークよりも実験のほうが向いているかもしれません。大切なのは「体験が伴う」ということです。実際にやってみることで、頭で考えるだけではわからなかった問題点に気づいたり、新しい発想や解決策のヒントを得たりすることができます。

Q 地方のテーマについて探究するとき、全国のデータはあるけれど地方のデータがないという場合はどうすればよいでしょうか。 参照▶本ワーク第2章④

A 自分が探しているデータに近しいほかのデータがないかどうか探してみましょう。たとえば「自分の市町村のデータはないが近隣の市町村のデータならある」という場合は、そのデータを使うということが考えられます。また、「市町村のデータはないが県のデータならある」というケースもあります。「統計で見る都道府県・市区町村のすがた」（https://www.stat.go.jp/data/ssds/）などで活用できるデータがないか探してみましょう。

Q インターネットで課題に関連する資料を集めたのですが、情報が多すぎて全部読み切れません。 参照▶本ワーク第2章④

A 情報収集のとき、目に入った資料をすべて集めるのではなく、優先順位の高い情報を選ぶことを意識しましょう。資料を選ぶ基準の一つは、信頼性です。たとえば、公的なサイトや、参照元や根拠を明らかにしている研究論文などが比較的信頼できる情報といえます。それらを優先的に読み、それでも十分でなければまた新たな信頼できる情報にアクセスするという作業を繰り返すことで、自分の探究に活用できる資料を集めていきます。

Q インタビューに行きたいのですが、誰に話を聞きに行ったらいいかわかりません。 参照▶本ワーク第2章⑥

A インタビューは、生の声を聞くことで本などでは得られない情報を得るために行うため、探究の情報収集のなかでも特に深く掘り下げたい内容について答えてくれそうな人に話を聞きに行きましょう。「何について掘り下げたらよいかわからない」という場合は、おそらくまだ課題の焦点を絞り込めていないため、自分が知りたいことや解決したいことをもう一度見直してみましょう。

Q アンケートを取るとき、学校内でアンケートを取ればそれでよいのか、学校の外にアンケートを取りに行かなければいけないのかがよくわかりません。 参照▶本ワーク第2章⑦

A アンケートの対象は、その結果で何を知りたいかを考えて決めましょう。たとえば、学校給食をよりよくするために「高校生が好きな給食メニュー」を知りたいのだとしたら、学校内でアンケートを取るだけでも十分なデータが得られるでしょう。しかし、「市内の食堂でどのようなメニューを提供すれば人気が出るのか」を知りたいとしたら、市内の全世代の人々からまんべんなく意見を聞く必要があります。

整理・分析

Q 集めた情報を分析するとき、何をしたらいいのかよくわかりません。
参照 本ワーク第3章①

A 集めた情報の整理ができていないと何について分析すればよいかわからなくなるため、まずは情報の取捨選択をしましょう。課題解決にとって重要かどうかという観点から優先順位をつけ、一番重要だと思う情報の分析からとりかかります。その情報の分析方法を選ぶためには、大きく分けて定性分析と定量分析のどちらが適しているかを考えるところから始めるとよいでしょう。

Q 定性分析、定量分析のどちらをすればよいかわかりません。
参照 本ワーク第3章③

A 情報の性質や自分が知りたい内容にもよるため、本ワーク第3章③を参考にして、自分の分析する情報の場合はどうか考えてみましょう。場合によっては同じ情報を定性・定量の両方の切り口から分析することで、より説得力のある解決策を導き出せることもあります。

まとめ・表現

Q 発表のときにどうしても原稿をみてしまい、前をみて話せません。どうすればよいでしょうか。参照 本ワーク第4章⑤

A 「原稿をすべて覚えて一言一句間違えずに話す」という練習をするのではなく、一応原稿をつくっておいて、実際に話すときにはもう少しだけた自分の言葉で話せるようになるための練習をしましょう。「これは絶対に話したい」というポイントを押さえておくことがコツです。話に詰まったら原稿をみてもかまいませんが、時々顔を上げてアイコンタクトをとるのを忘れないようにしましょう。

Q 発表が上手な人のプレゼンテーションをみて、自分もかっこいいスライドをつくったり、発表の合間に冗談を挟んだりして効果的に探究の成果を伝えたいと思いました。どうすればよいでしょうか。参照 本ワーク第4章④、⑤

A 発表の工夫を考えるときは、「自分のよさを生かすこと」を意識するのがおすすめです。たとえば、デザインが得意なら資料をよりみやすいように工夫する、話すのが得意なら発表の「つかみ」を工夫するというように考えてみましょう。なお、発表では「内容」がもっとも重要なので、必ずしも会場を盛り上げる必要はありません。自分が探究してわかったことや考えたこと伝えることを最優先しましょう。

Q 質疑応答のときに、想定していない質問が出て何も話せなくなるのではないかと不安になります。　参照 ▶ 本ワーク第4章⑤

A 事前の準備としては、友達や周りの大人に協力してもらい質疑応答のロールプレイをすることがおすすめです。そうすることで想定していない質問の受け止め方や答え方を練習することができます。本番でわからないことを質問されたら「そこはまだ調べていません。今後はご指摘の点についても探究していきたいと思います」と正直に答えましょう。焦りすぎず、自分のわかる範囲でしっかりと受け答えをすることが大切です。

Q 企業と連携するときに気をつけることは何ですか。
参照 ▶ 本ワーク第4章①

A 企業と連携して商品開発などを行う場合、企業の目的（利益の追求）と自分の探究の目的にズレが生じて、自分の探究に生かせる実践ができなくなってしまわないよう気をつけましょう。そのためには、①自分の意図を理解してくれそうな企業をよく選ぶこと（マッチング）、②自分の意図や想いを先方にしっかり伝えること、の2点を押さえておくと双方の認識のズレが生じにくくなります。なお、企業側の営利活動のさまたげにならないよう、実践の内容や範囲をよく確認しておくことも大切です。

Q 振り返りをするときに、どんなことを書けばいいのかわかりません。
参照 ▶ 本ワーク第4章⑥、⑦

A 振り返りをするときは、探究の成果ではなくプロセス、つまり今までしてきたことを振り返って言葉にすることがポイントです。そのため、「〇〇ということがわかった」や「コンクールで賞をとった」ということではなく、「情報収集のときに〇〇のデータがみつからず困ったが、市の資料館に行き職員の人にヒントをもらってみつけることができた」というように、活動ごとに大変だったことやそのとき考えたこと、それをどのように乗り越えたかを書くようにしましょう。このような「プロセスを語る力」は、大学でも求められるとても重要な力です。なお、振り返りの対象になるプロセスについては『高校生のための「探究」学習図鑑』の各章末に載っているチェックリストも参考になります。

本ワークは『高校生のための「探究」学習図鑑』（文中では「図鑑」と記されています）を参照しながら使うことをおすすめします。

『高校生のための「探究」学習図鑑』（学事出版刊）
ISBN978-4-7619-2832-2
https://www.gakuji.co.jp/book/b10034025.html

■監修者
廣瀬　志保（ひろせ　しほ）
山梨県立笛吹高等学校校長

山梨県生まれ。山梨大学大学院教育学研究科教職大学院修了。大学卒業後、ＮＨＫ甲府放送局キャスター、高等学校教諭・教頭、山梨県総合教育センター主幹・指導主事を経て現職。担当教科は理科・生物。早くから高校での「総合的な学習の時間」の実践に力を入れ、数々の実践を展開する。文部科学省『高等学校学習指導要領（平成30年告示）解説　総合的な探究の時間編』作成協力者。現在、日本生活科・総合的学習教育学会の副会長も務める。著書に『学習指導要領の未来』（分担執筆）『「探究」を探究する』『高校生のための「探究」学習図鑑』（いずれも学事出版）など。

【教材ワークシートについて】
まとめや思考ツールの実践に使える教材ワークシートを、こちらのコードからダウンロードしてお使いいただけます。

高校生のための「探究学習」ワーク

2024年10月10日　初版第1刷発行

監　　修　　廣瀬志保
発行者　　鈴木宣昭
発行所　　学事出版株式会社
　　　　　〒101-0051　東京都千代田区神田神保町1-2-5
　　　　　電話　03-3518-9655
　　　　　HPアドレス　https://www.gakuji.co.jp

企　　画　　　　三上直樹
編集協力　　　　狩生有希、山川剛人（株式会社桂樹社グループ）
執筆協力　　　　三島章子、山本久美子
取材協力　　　　大関朝美（富士見中学校高等学校教諭）
イラスト　　　　ZUCK、寺平京子、山田タクヒロ
デザイン・装丁　株式会社シーツ・デザイン
印刷・製本　　　瞬報社写真印刷株式会社

©Hirose Shiho, 2024.Printed in Japan
ISBN978-4-7619-3032-5 C3037
本書をコピーして使用することは原則としてお断りしております。